La familia imperfecta

MARIOLINA CERIOTTI MIGLIARESE

La familia imperfecta

CÓMO TRANSFORMAR
LOS PROBLEMAS EN RETOS

Tercera edición

EDICIONES RIALP
MADRID

Título original: *La famiglia Imperfetta. Come trasformare ansie & problemi in sfide appassionanti*

© 2019 *by* EDIZIONI ARES
© 2024 de la versión castellana traducida por ELENA ÁLVAREZ
   by EDICIONES RIALP S. A.,
   Manuel Uribe 13-15, 28033 MADRID
   (www.rialp.com)

Primera edición: septiembre 2019
Tercera edición: abril 2024

Preimpresión: produccioneditorial.com
ISBN (edición impresa): 978-84-321-6717-1
ISBN (edición digital): 978-84-321-5133-0
Depósito legal: M-4088-2024
Impreso en Anzos, S. L. - Fuenlabrada (Madrid)

A Piero

ÍNDICE

PRÓLOGO

EL CARÁCTER CIENTÍFICO DE LA PSICOLOGÍA exige que se ejercite con sentido común. Los cientos de pacientes a quienes he tenido la suerte de tratar me han enseñado que tras un «caso» siempre hay una «persona», nunca reducible a una simple estadística. Las personas llevan consigo un entrelazamiento de relaciones y diálogos con la sociedad, especialmente con una familia. En consecuencia, es necesario ver al paciente en una perspectiva tridimensional, bio-psico-social, hecha de contactos verticales y horizontales, sin que unos puedan prescindir de otros, con toda la positividad y la riqueza que representa la vida interpersonal. Pero la familia atraviesa hoy en día una profunda crisis, que no corresponde analizar en estas líneas. Aquí solo se afrontará esa problemática de un modo trasversal.

El enfoque del libro es positivo, creativo y rico en reflexión crítica. Mariolina Ceriotti Migliarese ha sabido analizar en profundidad las dinámicas de la familia y, desde su experiencia, promover la enseñanza de ese «sentido común» que tanto se echa en falta. Sin embargo, el «sentido común», como confirma el texto, no es suficiente: tiene que estar acompañado, también en los escritos sobre la familia, por una actualización científica, profunda y sistemática, y por aquella sabiduría que solo puede aportar el trabajo de campo. Así se redescubren los valores que no se deben perder, como el respeto recíproco entre generaciones, la comprensión y la solidaridad entre todos los componentes de la familia, una afectividad que acompañe con creatividad creciente a niños y ancianos, abuelos y nietos, y esa ironía que debe acompañar toda la vida del hombre con su sonrisa inteligente.

La familia es un proyecto atractivo, en su conjunto y en sus detalles. Actualmente necesita una revisión, una inversión de fuerzas que ayuden a contemplarla con responsabilidad y realismo, para que desempeñe su tarea de primera sociedad, y ayude a madurar a cada ser humano, acompañándolo luego en su ciclo vital.

MARCELLO CESA-BIANCHI
Fundador y ex director del Instituto de Psicología
de la Facultad de Medicina
de la Università degli Studi di Milano

INTRODUCCIÓN

HACE MUCHO TIEMPO QUE PIENSO QUE TENGO la cabeza llena de historias que contar: de niños, de padres, de hombres y mujeres. Son los que comparten conmigo sus dificultades, sus sueños y sus disgustos, pidiéndome ayuda durante estos años.

Soy neuropsiquiatra infantil, y llevo veinticinco años trabajando en la sanidad pública. Desde casi otros tantos hago psicoterapia en mi consulta, donde trato a adultos y a parejas con dificultades.

Pienso que uno de mis hijos ha definido perfectamente mi misión. Cuando estaba en segundo de primaria, su maestra preguntó: «¿En qué trabaja tu mamá?». Y su respuesta fue decidida: «Mi mamá es una doctora que cura las tristezas».

Curar realmente las tristezas es una meta, sin duda, algo excesiva para cualquiera. Pero tratar al menos de aliviarlas, y sobre todo analizar cuáles son los modos más eficaces para activar los recursos de crecimiento de quien pide ayuda, sigue siendo mi mayor desafío. Considero un reto verdaderamente irresistible tratar de comprender qué palabras o pensamientos pueden salir al paso del otro en el punto exacto donde está, y cuándo pueden favorecer que recupere su camino, bloqueado por una dificultad que asoma en forma de síntoma.

Es necesario, en primer lugar, escuchar con mucha atención: la persona que llama a la puerta de la consulta de un profesional de la mente tiene una historia, propia y especial. Trae consigo expectativas, fantasías, preocupaciones y una interpretación de sí mismo y del mundo. Esta se ha construido por estratos, a medida que transcurría el tiempo, experiencia tras experiencia, y se ha consolidado hasta crear convicciones que muchas veces son inamovibles, que preceden y sirven como telón de fondo al problema.

No se puede encasillar a nadie en un diagnóstico predeterminado, por muy correcto que pueda ser clínicamente. Tampoco se pueden proponer apresuradamente itinerarios terapéuticos, a veces orientados a satisfacer la necesidad de seguridad del terapeuta, más que a ayudar al paciente.

Cada persona, sea niño o adulto, necesita mirar con verdadera curiosidad hacia su interior.

También es útil recordar que el modo de funcionar de cada persona (ya sea «normal» o patológico) se corresponde a la mejor estrategia que le ha sido posible adoptar hasta ese momento, en el continuo contraste entre necesidades, recursos y respuestas de su entorno.

El cachorro humano, en efecto, solo se desarrolla en relación, y se construye según las expectativas de las personas a las que más quiere. Muchas veces se trata de expectativas inconscientes, que se transmiten de forma imperceptible y continua, mediante el intercambio, muy rico, de retroalimentaciones comunicativas entre el niño y su ambiente. La mirada, el tono de la voz, el tono muscular, la relación entre cercanía y distancia, son comunicaciones que transmiten al niño el sí y el no del adulto hacia su presencia y su modo de ser. Y el niño, que por encima de todo necesita sentirse amado y aceptado, adopta imperceptiblemente un modo de estar-en el-mundo que se adapta a las expectativas, tal y como él es capaz de percibirlas e interpretarlas según los códigos de su pensamiento infantil.

Dentro del adulto que entra en la consulta está siempre el niño que ha sido, con sus éxitos y fracasos, heridas y miedos, con todo aquello que le ha conducido, según su edad en aquel momento, a elegir su propio modelo de defensa. Esa historia le ha llevado a convertirse, poco a poco, en lo que ahora es.

Cuando, además, el adulto se presenta como padre y trae el problema de su hijo, entra en la consulta un mundo complejo. Está formado por muchas representaciones simultáneas: la de sí mismo (el yo infantil y el yo adulto), la del papel de progenitor (¿qué significa para mí ser padre? ¿Qué creo que está bien hacer/no hacer a partir de mi vivencia como hijo?), la del propio papel en la pareja conyugal (¿qué significa para mi vivir en pareja como cónyuge y como co-progenitor?).

Haber tenido hijos y haberles dedicado mucho tiempo me ha enseñado a ver el mundo con sus ojos. Siempre me ha sido de gran ayuda, también en el trato con pacientes adultos: me permite ver en detalle, detrás de cada adulto, al niño que ha sido y que muchas veces sigue siendo.

Por eso, cada vez que un padre o una madre viene a pedir ayuda, lo primero que pienso es que sin duda ha procurado hacer las cosas lo mejor posible, aunque se haya equivocado algunas veces. Alguna vez, sólo necesita un punto de vista distinto sobre su hijo y lo que está sucediendo, un modo diferente de ver las cosas que tiene continuamente ante los ojos. Le hace falta alguien que comprenda su punto de vista y su perspectiva, y que sea capaz de imaginar cómo ha construido sus puntos de referencia. Solo entonces puede ser juzgado como un progenitor incapaz.

Tal vez esto pueda convertirse en el principio de una buena alianza.

Ningún consejo educativo es verdaderamente útil si no se aprende a razonar sobre los propios hijos. Y razonar sobre ellos es más eficaz e interesante si se aprende a razonar también sobre uno mismo.

En los últimos años, he sido invitada con frecuencia a hablar sobre temas psicológicos y educativos. Muchas veces, al final de nuestros apasionantes intercambios de ideas, alguien pregunta: doctora, ¿no ha escrito algo que podamos leer? Hasta ahora, mi respuesta era negativa. Entre otras cosas, porque siempre me ha parecido que ya hay demasiadas cosas escritas sobre psicología infantil. Y porque no es fácil encontrar el tiempo necesario para escribir.

Pero, por otra parte, me ha resultado difícil aconsejar a los padres lecturas que no sean demasiado técnicas, o demasiado simplistas. Para hacerse una idea global sería necesario leer una montaña de material, unas veces demasiado técnico, especializado o disperso para quien no disponga de mucho tiempo para leer.

Así, me han entrado ganas de tratar de poner por escrito mi forma de trabajar con los padres. El desafío es el mismo que les pongo a ellos: no quiero transmitir soluciones, sino compartir un modo de pensar. Quiero dar elementos que pongan a cada uno en condiciones de reflexionar, y que nos puedan hacer a todos algo más capaces de tomar solos las mejores decisiones.

He tenido un verano tranquilo y sedentario, y uno de mis hijos me ha prestado su portátil: no podía desperdiciar una ocasión así.

El hilo conductor de lo que quiero compartir se ha ido ampliando paulatinamente, partiendo de la experiencia diaria y de las muchas preocupaciones que surgen de continuo en las conversaciones profesionales. Nace de la pregunta ansiosa de tantos padres: doctora, ¿es normal lo que hace mi hijo? Y de su continuación: ¿y qué se puede hacer para que mejoren las cosas?

Hoy en día, con demasiada frecuencia, surgen sentimientos de incertidumbre y preocupación ante la idea de traer hijos al mundo y acompañarles en el proceso de crecimiento. Nos preguntamos si vamos a ser capaces de educar a nuestros hijos en un mundo que se nos presenta complejo, difícil y lleno de peligros. Asistimos a una búsqueda continua de «recetas» educativas y psicológicas seguras, y de alguien que nos enseñe con competencia cómo evitar todas las trampas terribles que se pronostican: ¿cómo podemos hacer para que nuestros hijos no se vuelvan toxicómanos, o anoréxicos, o no intenten suicidarse? ¿O también, en forma menos dramática, para que no desperdicien sus vidas no haciendo nada...?

Es como si se hubiera abierto camino una gran desconfianza en la posibilidad de educar, como si nos faltara aquella brújula natural que se activa al convertirnos en padres. Como si educar bien se hubiera convertido en una cuestión de especialistas, en una tarea muy cansada y de resultados inciertos.

¿Es eso cierto?

Tal vez haya llegado el momento de redescubrir con alivio que traer hijos al mundo y educarlos es, ante todo una oportunidad grandiosa. Es una ocasión que la vida nos regala, si queremos acogerla con un poco de optimismo. Dejarla escapar sería penoso, para nosotros y para nuestros hijos.

Yo no estoy ni de parte de los hijos, ni de parte de los padres: cada hijo que viene al mundo desea y merece la mejor relación posible con los padres que le han tocado en suerte, y no con otros hipotéticamente más perfectos. Nuestros hijos nos quieren a nosotros, tan imperfectos y a medio hacer como somos.

Y nosotros, tal y como somos, podemos ayudarles a hacerse adultos del mejor modo posible.

Creo que nos puede ayudar esta bellísima observación de Natalia Ginzburg, que quiero compartir a modo de conclusión:

Si nosotros tenemos una vocación, y si no hemos renegado de ella ni la hemos traicionado, entonces podemos dejar que (nuestros hijos) germinen tranquilamente fuera de nosotros, rodeados por la sombra y el espacio que requiere el desarrollo de una vocación, el desarrollo de un ser. Esta es, quizá, la única posibilidad que tenemos de resultarles de alguna ayuda en la búsqueda de una vocación, tener nosotros mismos una vocación, conocerla, amarla y servirla con pasión, porque el amor a la vida genera amor a la vida[1].

¿Qué más podemos desear para nuestros hijos y su futuro, sino transmitirles una verdadera pasión por la vida?

Si nos guía este deseo, pienso que nunca hemos de tener miedo.

---

[1] NATALIA GINZBURG, *Las pequeñas virtudes*, 164.

I.
¿Cualquier problema
es enfermedad?

En esta época nuestra, de niños escasos y preciosos, hay algo que impresiona mucho a quienes trabajamos desde hace años en neuropsiquiatría infantil. Es la frecuencia con que vienen padres a pedir ayuda con cuestiones que parecen a primera vista educativas: dificultades con niños caprichosos, que tienen pesadillas, niños inseguros, niños cuyo problema está relacionado con la nutrición o con la micción nocturna. En definitiva, se trata de problemas que no parecen merecer la visita a un neuropsiquiatra, pero que se viven con alarmismo y sentido de impotencia, como una patología que exige la intervención de un especialista.

Para los padres atentos y preocupados por sus hijos, y que desean más que cualquier otra cosa ser buenos educadores, el encuentro con muchas de las dificultades normales en el recorrido de crecimiento y con la normal imperfección de los hijos parece suscitar hoy sensaciones dolorosas de fracaso y dudas sobre la propia capacidad, además de preocupación por encontrarse ante alguna posible patología.

También me impresiona que cada vez que me invitan como «experta» para hablar en un colegio o en otra entidad educativa, suelen pedirme que trate los temas relacionados con la patología o el riesgo grave: el suicidio juvenil, la anorexia y la bulimia, la desviación social, etc. Solo raramente se me llama para hablar de la fisiología del desarrollo: quizá mi *status* de médico es más interesante, o la patología atrae más audiencia...

En todo lo relacionado con el funcionamiento de la mente, nunca ha sido fácil trazar una frontera precisa entre normalidad y patología. Para complicar las cosas a los padres, existen diversas aproximaciones entre psiquiatras y psicólogos, y entre psicólogos y psicoterapeutas de las diferentes escuelas.

Es frecuente que cada comportamiento «difícil» se encuadre de forma distinta, con acentos y lenguajes diversos, según el especialista que lo trate....

Además, las mismas palabras no significan siempre las mismas cosas, y esto deja a la mayoría confusos e impotentes, como ocurre siempre que una materia se hace demasiado compleja y se pierde el dominio del lenguaje.

Ya la distinción entre psicólogo, psiquiatra y psicoterapeuta resulta misteriosa para la mayoría. Todavía lo es más la diferencia entre las diversas corrientes de psicoterapia. Además, el lenguaje de estas «ciencias-artes» ha penetrado de forma difusa en el habla común. Pero, en cambio, es poco comprendido en su especificidad, con un grave aumento de la confusión general.

Siempre es un problema grave carecer de las palabras adecuadas para decir las cosas. También se vuelve difícil formular las preguntas adecuadas...

El límite ya nebuloso entre normalidad y patología se ha ido confundiendo todavía más. Y los padres, asustados, preguntan: mi chiquilla hace cosas raras con la comida: ¿será anoréxica? Y también, ¿este tipo de trastorno es enfermedad o es culpa mía, que la he criado mal? ¿Hasta qué punto soy responsable? ¿Qué se puede hacer y quién puede hacerlo?

Este interrogatorio angustioso se amplía cada vez más, hasta toda una gama de situaciones en equilibrio entre dificultades psicológicas, problemas psiquiátricos, problemas educativos y psico-educativos...

«Doctora, mi hijo parece un poco desanimado: he oído que también a su edad hay niños a los que se le pasa por la cabeza suicidarse...». Afirmaciones/preguntas como esta no son actualmente tan raras como podría parecer, y permiten entrever el desaliento y el sentido de fragilidad y soledad de muchos padres. Tampoco es raro encontrar a padres que se sienten muy culpables por una regañina un poco brusca, por los inevitables momentos de nerviosismo, por su falta de «competencia».

Por eso, creo que, en primer lugar, es muy importante tratar de restablecer algunos límites, y reafirmar a los padres demasiado preocupados por la invasión de la patología.

Pienso que puedo afirmar con tranquilidad lo siguiente:

–Sí, la patología psiquiátrica existe, sin duda, tanto en el niño como en el adolescente. Pero,

–no, no está tan difundida como parece.

Muchas dificultades que hemos de afrontar con los hijos (la parte cuantitativamente más importante) son... de crecimiento. De por sí no conllevan patología, y en cuanto tales hay que entenderlas y afrontarlas, retomando el control del timón de la educación.

Muchas otras son dificultades psicológicas, que dependen de problemas relacionales más o menos graves. Estas interfieren en el recorrido educativo, complicándolo, pero en gran parte es posible prevenirlas o resolverlas, cuando se busca comprender qué necesita un niño o un adolescente para crecer del modo más sano posible desde el punto de vista psicológico.

La naturaleza ha previsto para las criaturas en edad de desarrollo un potencial de salud excepcional, y una increíble capacidad de adaptación positiva. Por eso, la mayor parte de nuestros inevitables errores, afortunadamente, no está destinada a acabar en tragedia.

Por último, solo una parte no mayoritaria de las dificultades de los sujetos en edad evolutiva tiene una connotación psiquiátrica. Estas situaciones requieren de la ayuda de un especialista: pero no para delegar en él el problema, pidiéndole que se haga cargo de un modo casi mágico y «cure» al niño de sus rarezas, de su agresividad, rabia o aislamiento.

El especialista es importante, más bien, para colocarse junto a los padres y el niño, ayudando a todos a descomplicarse entre los niveles que coexisten (educativo, psicológico, psiquiátrico). De este modo, pueden trabajar juntos en la búsqueda de la solución, poniendo cada uno en ejercicio sus competencias: la del especialista para curar; la de los padres para educar; la del niño/adolescente, para crecer.

Hasta el niño más enfermo es siempre un niño que hay que educar, y una persona joven, dotada de un potente impulso interno que le empuja al crecimiento y a la buena realización de sí mismo. La tarea de educarlo es y siempre será principalmente de sus padres. Ningún especialista de la infancia tiene derecho a cultivar con su pequeño paciente una relación que excluya completamente a los padres, o que pueda contraponerse a ellos.

La única excepción es, evidentemente, las situaciones de competencia de un Tribunal de Menores, que por fortuna están lejos de ser mayoría.

He conocido a más de un niño que me ha confiado: «No quiero ir al psicólogo, porque habla mal de mis padres...». ¡Y he conocido a más de una pareja de padres que no sabía decir qué hacía el psicólogo durante las sesiones de psicoterapia con su hijo!

Creo que ese modo de curar no puede ser eficaz: de hecho, todo terapeuta sabe que el primer deseo de cualquier niño es tener una buena relación con sus padres. Y está dispuesto a defender su imagen a cualquier precio.

Por eso, si el terapeuta quiere ser de ayuda, puede usar su ciencia, con mucho respeto, para tratar de aliarse con el niño a fin de entender qué va mal, qué obstaculiza el desarrollo y qué le hace sufrir. Después, ayuda a los padres a entender y a dar respuestas mejores.

El especialista tiene a su favor el conocimiento más preciso de cómo siente y piensa un niño en las diferentes edades. Por eso puede hacerse una idea de cómo está viviendo lo que sucede a su alrededor.

Los niños aprecian mucho este tipo de alianza, y hacen lo que sea para ayudar a entender a un adulto su punto de vista, sobre todo si tienen la esperanza de que vaya a contribuir a cambiar algún aspecto en su pequeña vida.

Por último, menciono solo de pasada una consideración a menudo infravalorada: también en este campo, la prevención debería tener un papel esencial. Requeriría una reflexión inspirada en el modelo etiológico.

Por ejemplo: si la mayoría de los sujetos en riesgo provienen de situaciones familiares con vínculos frágiles, ¿por qué no se trabaja más en la promoción de una cultura social del vínculo?

Tal vez este tipo de preguntas no sean tan ingenuas como podría parecer. Hay demasiados silencios culpables, demasiadas cautelas «políticamente correctas» por parte de los especialistas de la salud mental, sobre todo infantil. ¿Por qué no decir claramente lo que hace que nuestros niños estén mal? ¿Por qué callar lo que nos enseñan nuestros pequeños pacientes?

¿Por qué no trabajar más, mucho más, en la prevención?

II.
Lo que los niños no pueden hacer
(O bien: "prohibido parecer infelices")

PROSIGUIENDO LAS OBSERVACIONES ANTERIORES, me parece que hoy en día es importante recuperar el concepto de normalidad del desarrollo. ¿Quién es, cómo es, cómo crece un niño y un adolescente normal?

Hemos de tener muy en cuenta que «normal», en un sujeto que está creciendo. Por eso mismo, significa que es imperfecto, pero está inmerso en un recorrido que anuncia avances y caídas, éxitos y dificultades, satisfacciones y frustraciones, para él y para sus padres.

El debilitamiento de esta idea de recorrido, y de esta percepción serena de la normalidad de la imperfección, suponen un problema que no es en absoluto marginal o accesorio. Tiene consecuencias profundas y complejas sobre la relación educativa y, a veces, abre la puerta (esta vez de verdad) a patologías o, al menos, a profundas inseguridades y dificultades existenciales.

Se podría decir, sonriendo un poco, que hoy en día algunas cosas están completamente prohibidas para un niño, bajo pena de ser conducido urgentemente al psicólogo: no puede tener miedo, aburrirse, parecer un poco inseguro, tímido o torpe, tener pesadillas más de dos o tres noches, tener caprichos solo un poco por encima de la media... Su tasa de agresividad con sus hermanos (si los tiene) puede convertirse en un problema, así como su negativa a ir a las fiestas de los compañeros, a inscribirse en la piscina o a participar en una competición.

Los niños de hoy no pueden, en síntesis, ser infelices y/o mostrarse molestos en cosas que otras veces dejaban infelices y/o fastidiados a los niños. Si además el desventurado hace /se hace preguntas sobre temas como la muerte o el sufrimiento, entonces el recurso al psicólogo se vuelve urgente e inevitable...

Es como si, lenta pero inexorablemente, se hubiera insinuado en la mente de todos una profunda desconfianza en nuestra capacidad para cuidar adecuadamente a nuestros hijos, y para entender de forma empática su sufrimiento. Junto a esto, la creciente conciencia de la importancia de nuestra tarea, la mayor sensibilidad hacia las variables psicológicas del ser humano en formación, en lugar de ser una gran riqueza se convierte en una mayor preocupación: si realmente nuestra responsabilidad es tan grande, si los primeros años de vida son tan cruciales y nuestros inevitables errores pueden determinar efectos tan funestos, ¿cómo decidirnos a arriesgar?

Buscamos recetas seguras, consejos decisivos, alguien que nos enseñe a evitar todos los terribles peligros que se predicen: droga, alcohol, anorexia, suicidio, infelicidad. Todos, a causa de nuestra incompetencia.

Tal vez haya llegado el momento de redescubrir que convertirse en padres lleva consigo una serie de competencias potencialmente buenas, que sin duda hemos de desarrollar, pero que están ahí, a nuestra disposición.

El niño, que nace como respuesta a nuestra disponibilidad a la vida, trae como dote algo para nosotros: la confianza absoluta que el cachorro de hombre tiene en aquel a quien es confiado. Esta confianza tan total, este ser inerme y necesitado de todo, activa en nosotros un deseo de respuesta.

Es el nacimiento de un hijo lo que nos hace padres. Nosotros lo haremos lo mejor que sepamos, procurando no olvidar que tenemos el deber de prepararle para una vida que, en su parte más larga, no será con nosotros ni para nosotros.

Nosotros, padres, somos para los hijos la primera ocasión, a la que van a seguir tantas otras que no nos corresponde saber. Tal vez la mejor óptica es sentirse siempre y en todo caso «padres depositarios»: la vida nos confía criaturas preciosas para que nosotros, en la medida que sepamos y podamos, les ayudemos a desarrollar en plenitud sus propios dones para que puedan invertirlos en el mundo.

Tres ideas pequeñas y útiles

Llegados a este punto, creo que puede ser útil compartir algunos criterios de fondo, muy sencillos, sobre lo que supone educar. Pueden servir como referencia y protocolo en los momentos difíciles, cuando ante un problema importante nos sentimos desorientados y confusos y ya no sabemos por dónde empezar. Saber pensar, saber razonar, saber inventar soluciones es el recurso fundamental en el campo relacional, en general, y concretamente en campo educativo. Pero exige tener los pies bien firmes sobre la tierra.

En primer lugar, pienso que cuando hablamos de educación hemos de recordar siempre que se trata de algo completamente práctico. La mayor parte de nuestras enseñanzas no pasan tanto por lo que decimos, como sobre todo por la continua comunicación no verbal de nuestro modo de ser y de vivir.

«¿Qué le puedo decir, cómo hablar con mi hijo?». Es una de nuestras preguntas más apremiantes, una de esas que nos atormentan, porque no sabemos cómo decir las cosas, qué palabras elegir, cuáles son más útiles.

Pues bien: no es que deje de ser importante buscar las palabras adecuadas... El intercambio de comunicación verbal con los hijos es un gran valor, que necesita cuidado y preocupación. Pero, muchas veces, lo que más cuenta para transmitir valores y criterios de fondo, esos que van a marcar el estilo de aquel hijo, es otra cosa:

cómo interpretamos nosotros, en nuestra vida, los valores y criterios que le querríamos transmitir.

Un hijo tiene el estilo de su familia de procedencia, y esto va mucho más allá de cualquier palabra. Será un estilo de generosidad o avaricia, de apertura o cierre a las relaciones, de serenidad o ansiedad.

Por lo demás, si volvemos a pensar en nuestros padres y en la relación con ellos, nos daremos cuenta de que no recordamos tanto las palabras que dijeron para convencernos. En cambio, llevamos con nosotros de forma indeleble el recuerdo de gestos, costumbres, ritos familiares, modos de decir y hacer que nos han dejado dentro la seguridad de ser amados y los valores que portamos. O, por el contrario, nos han dejado heridas que cuesta sanar.

Dicho esto, resulta igualmente decisivo no perder de vista el segundo punto fundamental: las relaciones humanas, también las más importantes, están marcadas por la imperfección. Por eso, la familia, además de ser un sistema eminentemente práctico, es un sistema necesariamente imperfecto. En la familia no se imparten lecciones, sino que se vive, y viviendo se educa recíprocamente, con una modalidad circular en que cada uno influye y es influido. Pero es un sistema imperfecto, en el que continuamente se cometen errores y continuamente es necesario recomenzar.

Aprender a recomenzar después de cada equivocación, por lo demás, es otro de los aprendizajes más necesarios e importantes para vivir bien. Precisamente en la familia podemos hacer esta experiencia, así como aprender que es posible pedir perdón y ser perdonados siempre, y que se pueden reparar las relaciones bajo la segura protección del vínculo recíproco.

Los padres nunca son (afortunadamente) perfectos, y los hijos nunca responden del todo (afortunadamente) a las expectativas de los padres. Ya Winnicott hablaba de la necesidad de una madre «suficientemente buena», que no perfecta, como presupuesto para el desarrollo de un niño psicológicamente sano.

El padre perfecto, si pudiera existir, capaz de entender cualquier necesidad del hijo y de satisfacerla sin posibilidad de frustración o incomprensión, daría origen a una personalidad omnipotente, incapaz de afrontar los naturales e inevitables límites de la vida.

El tercer punto que conviene tener muy presente es que el sistema de las relaciones familiares es dinámico. Cada uno de nosotros cambia con el tiempo, y esto nos hace personas distintas, pero también padres continuamente distintos.

Lo que somos y sabemos a los treinta años es bastante distinto de lo que somos y sabemos diez años después. Esto supone que un hijo de padres veineañeros va a recibir cosas distintas que un hijo nacido después; el primogénito va a recibir cosas distintas que un segundo o tercer hijo. ¿Esto crea injusticias, como temen algunos? No, en absoluto. El nacimiento de un hermanito o de una hermanita es siempre una enorme riqueza para cualquier niño a cualquier edad. ¿Va a crear celos? Probablemente sí. ¿Habrá peleas o conflictos? Seguro que sí. Pero es la oportunidad impagable e insustituible de tener una relación equitativa, sincera, capaz de poner a cada uno en situación de medirse, de luchar, sin las facilidades que dan los adultos. Y al mismo tiempo, con la ayuda de los adultos, cada uno podrá aprender a tener paciencia con el más pequeño, respeto al más mayor, y dar siempre de nuevo al otro una nueva oportunidad, también después de los momentos más difíciles.

Y si el padre o la madre más joven pueden ofrecer más momentos de juego a su hijo, el hermano puede aportar el clima que solo la experiencia permite.

Recordar que la familia es un sistema práctico, dinámico e imperfecto, nos pone en las mejores condiciones para no desanimarnos en ningún caso: siempre, en cualquier punto del recorrido, es posible retomar el camino, corregir la ruta, volver a tomar impulso. Esto es válido en la relación padres-hijos, y también en la relación entre los cónyuges. Solo cuenta el valor que otorguemos a las relaciones que hayamos construido.

III.
De parte de la relación

¿Problema psicológico o problema educativo?

Ciertamente, en la relación entre padres e hijos es muy difícil separar netamente los aspectos educativos de los psicológicos: se trata de dos niveles que progresan juntos, superponiéndose e interactuando entre ellos.

En cierto sentido, podríamos decir que los aspectos psicológicos constituyen el trasfondo, el clima relacional sobre el que se construye la relación educativa.

Por eso, ante una dificultad, no siempre resulta fácil decidir si atribuirla a un error educativo o más bien a un problema psico-relacional.

Para explicar mejor lo que quiero decir, voy a servirme de un ejemplo seleccionado entre muchos posibles.

Un día recibimos en la consulta una petición clasificada como «bastante urgente»: se trata de dos padres que se dicen muy preocupados por su hijo de tres años, Luigi.

Los motivos de alarma son varios: a los tres años, el niño casi no habla (muy pocas palabras, casi incomprensibles), se le describe como hiperactivo (nunca está quieto, trepa por todas partes, nada mantiene su atención por largo tiempo) y al parecer carece de las capacidades de juego propias de un niño de su edad. La anamnesis inicial no presenta problemas importantes: el niño ha nacido tras un buen embarazo y un buen parto, y las primeras etapas evolutivas se han desarrollado sin especiales obstáculos.

Como siempre, antes de conocer a Luigi se realiza una entrevista en profundidad con sus padres.

Se presenta una pareja bastante joven, con gesto preocupado. Pero lo que impresiona enseguida es que el padre parece especialmente afectado: se derrumba sobre la silla y exclama: «Yo no puedo más con este niño». Describe una situación de convivencia familiar totalmente dominada por un pequeño déspota. Cuando me informo del régimen de vida en el hogar, me sorprende oír, por ejemplo, que Luigi decide por todos cuándo ha llegado el momento de irse a la cama: le quita de la mano al padre el mando de la televisión, la apaga, y se limita a decir: «A nanna». Obedientes, para no crear tensiones, mamá y papá se retiran ordenadamente a la habitación, donde Luigi se coloca sin obstáculos en la cama y entre ellos...

Por su parte, la madre, que también se declara preocupada por la situación, centra la atención rápidamente sobre un tema que parece importarle todavía más: la relación con sus suegros. Según ella, son excesivamente invasivos y, sobre todo, la descalifican, pues ella procede de una familia del Sur de Italia y tiene a sus padres lejos... El marido-hijo-papá adopta entonces un aspecto más afligido, confirma el estilo poco respetuoso de sus padres también con él, pero se muestra incapaz de cambiar la situación.

Después de esta entrevista, hablamos de Luigi. Según la descripción de los padres, podría tratarse de un niño con Alteración Específica del Desarrollo, hiperactividad o retraso mental.

A la segunda entrevista, los padres acuden con un hombrecito minúsculo y muy vivaz, con aspecto todo lo contrario de retrasado, que ya se hace notar en la sala de espera: corre arriba y abajo por los pasillos, seguido por un papá totalmente impotente, que unas veces levanta la voz y otras le suplica, siempre sin resultado.

Ya en la sala de consultas conmigo, la psicomotriz y los padres, Luigi hace un primer intento de continuar con su actitud anárquica: da vueltas por la habitación, de forma aparentemente caótica, descuelga al teléfono tratando de llamar, vuelve a la puerta con ademán de querer marcharse. Pero la sorpresa inesperada es que, cuando mi compañera interviene con firmeza (un "no" decidido, dicho con seguridad y mirándolo con gesto serio), Luigi cambia de actitud: deja de intentar escaparse y acepta implicarse en algunos juegos sencillos, mostrando que se divierte mucho y que tiene capacidad de interacción. Mantiene la atención por encima de lo previsto...

Naturalmente, la descripción de este caso no es completa, pero este pequeño esbozo es suficiente para formularse algunas preguntas: ¿dónde está el problema? ¿Es un problema de Luigi, un trastorno suyo? ¿Es un problema educativo? ¿O hay que buscar la causa en la dificultad psicológica del papá para ser padre? Podríamos preguntarnos esto y algunas cosas más. La siguiente pregunta sería: ¿cómo es mejor intervenir?

Es evidente que la respuesta no es fácil, porque, como sucede con cualquier problema en el curso de la edad evolutiva, hay diferentes ámbitos de intervención. Luigi presenta, ciertamente, un retraso de desarrollo: los test realizados lo han confirmado, tanto en el evidente retraso en el lenguaje, como en sus competencias cognitivas.

Pero también hay dificultades educativas: la impotencia de sus padres para controlarlo es evidente. Además, su buena respuesta ante una actitud más firme confirma que está muy necesitado de una mejor intervención educativa.

Al mismo tiempo, este caso muestra que las dificultades educativas, por lo general, no van solas: el padre de Luigi parece poco capaz de asumir el papel de padre. Y esto está relacionado con las fuertes dificultades que encuentra con su propia familia de origen, que le infravalora y todavía le trata solo como hijo, sin reconocerle el papel adulto que ya le corresponde.

Hay que añadir también que la mujer (por distintos motivos que han salido después en la historia) no es capaz de soportar a un marido incapaz de desvincularse de sus padres, y de corregir su frágil papel con el niño...

Creo que estas breves observaciones son suficientes para confirmar lo que afirmaba anteriormente: hay superposición entre problemas educativos y psicológicos en edad evolutiva, haya o no patologías específicas.

El hecho es que siempre se educa en el marco de una relación, y gracias a una relación. Por otra parte, cualquier relación entre un adulto y un niño crea un contexto educativo.

Querer negar esto y tratar de separar de forma demasiado drástica los ámbitos produce una situación artificial en la que nuestras intervenciones, aunque sean las mejores, resultan ineficaces.

Al hablar de «educación» hay siempre dos corrientes de pensamiento que configuran líneas de intervención diferentes: por un lado, «educar, en el sentido de sacar afuera lo que hay en el niño», y por otro, «educar indicando una meta».

Tal vez tendríamos que aprender a integrar los dos modelos. En el fondo, se trata de una sola tarea, con un lado más maternal (entender, escuchar, sacar a la luz las potencialidades no expresadas) y un lado más paternal (señalar el camino, marcar objetivos, exigir un esfuerzo para lograrlos).

Al mismo tiempo, cualquiera que sea el enfoque, la educación nace en un contexto de relaciones complejas, que vinculan a varias generaciones, y educamos principalmente por lo que somos, y no por las recetas educativas de las que dispongamos.

Por este motivo, la psicología y la educación deben tenderse puentes, cada vez más, y en ambos sentidos: los educadores deben tener unas nociones de psicología y los psicólogos han de aprender a razonar en términos educativos, si quieren ofrecer una ayuda concreta a menores y a padres con dificultades.

En el caso de Luigi, esto se concreta en razonar e intervenir en varios niveles. Ciertamente, el niño necesita ayuda para mejorar sus competencias, pero con la ayuda de sus padres, que deben perder el miedo a educarlo. Al hablar de cómo educar mejor a Luigi (tal como es, con sus dificultades y retrasos actuales, y no en abstracto), será necesario ayudar a la madre a comprender cómo apoyar a su marido, y al padre a madurar en su autonomía respecto a su familia de origen.

Este es el estado de la cuestión, habitual para quien desea dedicarse al desarrollo infantil: el discurso siempre es válido, cualquiera que sea el problema y su gravedad, también cuando nos encontremos ante niños con patologías importantes.

Si se quiere intervenir con eficacia, junto a un diagnóstico clínico preciso y acertado (¿existe una patología? ¿cuál es la enfermedad?), es necesario que quienes trabajan con niños aprendan a formular junto a los padres un diagnóstico funcional (cómo funciona el niño hoy, en todas las áreas de su desarrollo, también psicológico) y a compartir objetivos educativos (cómo educar al niño teniendo en cuenta sus características y sus posibles dificultades).

El problema no es «curar» al niño. Tampoco es «curar» a sus padres, para hacerles perfectos. El problema es trabajar sobre la relación de *esos* padres con *ese* hijo, haciendo que sean todo lo conscientes que se pueda (de sí mismos, de él, de su relación) y, en consecuencia, capaces de intervenir en el mejor sentido.

Una adolescente difícil

Lucía tiene 16 años, y viene a mi consulta por la presión de dos padres muy preocupados: ya ha tenido un suspenso en el colegio y ahora corre el riesgo de perder el curso. Los padres describen saltos de humor repentinos, con momentos de marcada apatía y de desesperación inesperada, durante los cuales Lucía alude a menudo a sus pocas ganas de vivir.

En casa se le describe como una chica muy afectiva con su padre, y bastante condescendiente con su madre. Difícilmente se producen enfrentamientos entre ellos, principalmente porque los padres, en especial él, le conceden todo. Incluso se anticipan a sus deseos. El padre de Lucía es un profesional consolidado. La madre es ama de casa por elección, y está muy implicada en actividades de voluntariado social.

Lucía es la segunda hija, después de una hermana con numerosos problemas de salud, algunos de ellos graves. A causa de esto, la madre ha tenido que ausentarse por periodos largos. La pequeña siempre se mostraba muy responsable durante sus ausencias, y parecía esforzarse por tranquilizar a una madre preocupada.

Como siempre, antes de conocer a Lucía, procuro hacerme una idea de la forma en que la ven sus padres, y de qué interpretación han hecho del problema y de sus posibles causas.

La madre y el padre se remontan a ese periodo difícil, en que las preocupaciones por la hermana mayor les llevaron a descuidar a Lucía.

Esta interpretación conlleva, sobre todo para la madre, un profundo sentimiento de culpa. Ella reconoce que es una persona muy ansiosa, que toma ansiolíticos y se siente agobiada en su papel de madre, y que tiende a huir de él...

El padre también se culpa: muy absorbido por su trabajo, a menudo vuelve tarde a casa y tiene pocas ganas de dedicar tiempo a su hija.

Se intuye, aunque no se menciona, que hay también una relación de pareja poco satisfactoria.

Empujados a hablar de Lucía, me doy cuenta de que, además, los padres parecen conocer muy poco a su hija: saben poco de sus gustos, o cómo se llaman sus amigos. La vida de Lucía se desarrolla, por lo menos desde que empezó la secundaria, en paralelo a la de sus padres: cuando vuelve del colegio encuentra la comida preparada, pero su madre ya ha comido y raramente se sienta con ella; por la tarde la madre suele ausentarse, por sus compromisos de voluntariado. La chica está sola o se va a casa de sus amigas, tal vez a estudiar... Su hermana mayor ya no vive con ellos. El padre llega tarde por la noche, y en el hogar no se suele cenar juntos. Desde hace años, en casa hay una empleada doméstica extranjera de mucha confianza, que parece escuchar a veces las confidencias de Lucía.

Como compensación, ante el malestar de la hija, los padres se han vuelto cada vez más permisivos y condescendientes: Lucía tiene todo lo que desea incluso antes de pedirlo, y no debe responder a nadie de sus movimientos ni de sus horarios. A veces vuelve muy tarde por la noche, y los padres sospechan que ha empezado a consumir drogas blandas...

Lucía viene a mi consulta con una actitud contradictoria: parece condescender pasivamente a la petición insistente y alarmada de sus padres («¡Ve a la psicóloga, hazlo por nosotros!»), pero también intuyo una cierta curiosidad hacia mí, y un deseo de respuestas.

Cuando le pido que trate de explicarme el problema desde su punto de vista, sale a la luz algo desconcertante: como sus padres, sabe decir muy poco de sí misma. Cuenta que, de forma inesperada, le sobreviene un sentimiento de desesperación, como si se abriera un agujero negro bajo sus pies; pero no sabe el motivo, ni cómo ha empezado. Tiene dificultad para hablar de sus emociones, no sabe decir qué le hace sentirse contenta, triste, enfadada... Ha interiorizado la visión del problema que también tienen sus padres, aunque no se lo hayan dicho: considera que se le ha descuidado de pequeña a favor de su hermana, y que de algún modo en esto se encuentra el fundamento de su angustia.

Por lo demás, niega el consumo de sustancias tóxicas: como mucho, de modo excepcional, y como hacen todos.

También en este caso habría que añadir muchas otras cosas, pero me detengo en la pregunta habitual: ¿cuál es realmente el problema? Y podríamos añadir: ¿de quién es el problema? Ciertamente está en varios niveles, y afecta un poco a todos: a Lucía, que a los dieciséis años casi ni siquiera ha construido un esbozo de identidad; a la madre, que se siente continuamente culpable, pero huye de sus responsabilidades; al padre, que se esconde tras la idea de que la culpa principal es de su mujer y trata de apañarse con regalos y concesiones. Afecta a la pareja, que no funciona; afecta a la relación entre padres e hija.

Otra pregunta: ¿es un problema principalmente psicológico o educativo?

Como es habitual, la respuesta es compleja. Ciertamente, hay un importante problema psicológico (en la hija, en la madre...). Pero no se puede negar también la existencia de un problema educativo.

El hecho es que estos padres, asustados por el sentimiento de culpa generado por su responsabilidad en el malestar psicológico de la hija, se muestran totalmente desentendidos en el plano educativo, agravando una situación que ya era problemática.

Es posible que, en esta situación, como en muchas otras que he encontrado, juegue al menos una parte la influencia nefasta de una psicología mal asimilada: comprender un problema lleva a justificarlo. Es como decir: si nosotros somos la causa del malestar de nuestra hija, si ella sufre porque la hemos descuidado, tenemos que recompensarla. No podemos recriminarla o castigarla por sus excesos, de los que somos, a fin de cuentas, responsables.

Por otra parte, también Lucía es víctima de la misma lógica: ¿por qué habría de sentirse responsable de algo de lo que, en el fondo, es víctima?

Esta des-responsabilización parece constituir una especie de efecto colateral involuntario de muchos enfoques psicológicos: como si, entrando en el universo de la psicología, se saliera automáticamente del universo de la responsabilidad.

En este punto, me parece importante sacar a la luz otro concepto.

Ciertamente, tarea de la psicología es comprender: comprender el funcionamiento de la mente, comprender las dinámicas relacionales, comprender lo que sucede entre las personas y por qué.

Pero comprender, por lo general, no es suficiente para acometer cambios: el cambio, cuando lo hay, depende del hecho de que entender lo sucedido puede devolver a la persona una mayor libertad sobre sí misma y permitirle elegir.

Entender, por eso, no es justificar ni justificarse.

El padre y la madre de Lucía son ciertamente responsables (aunque no necesariamente culpables...) del malestar de su hija, y en buena medida. Pero tomar nota de esto no supone una culpabilización inútil, seguida de una dimisión del deber educativo: al contrario, debe llevar a tomar las riendas de la situación, manifestando hoy, con una asunción de la responsabilidad, que esta hija es importante, que realmente tiene valor para ellos, y que no se resignan en absoluto a dejar que se destruya.

Se puede cambiar

En el campo de las relaciones humanas siempre se puede cambiar de rumbo, siempre se puede recomenzar. Ningún episodio del pasado, por muy doloroso y difícil que sea, constituye por sí mismo una hipoteca definitiva sobre el futuro. Todo depende de lo que podamos aprender a hacer.

Pero para crecer también resulta fundamental ser capaces de dejar atrás el pasado.

Cada uno de nosotros vive siempre y solo en el hoy, y nuestro pasado se puede reconstruir, pero no modificar. El trabajo psicológico de reconstrucción del pasado, fundamental para la comprensión de las dinámicas más profundas, tendría poco sentido si se quedara en un fin en sí mismo. En cambio, comprender el pasado puede ser un instrumento muy valioso si abre paso a la posibilidad de elegir y actuar con más libertad en el presente y en el futuro.

Lo que hace problemático este recorrido es la dificultad para «dejar marchar» el pasado, para cerrar con lo que ya ha sucedido y ya no se puede cambiar. Lo que nos ha hecho sufrir lleva consigo, de hecho, un deseo de compensación difícil de superar. No obstante, es importante entender que algunas cosas no se pueden resarcir, y que la obstinación en pretender un resarcimiento conduce a descuidar y desperdiciar buenas ocasiones en la vida.

Para mayor claridad, puedo poner el ejemplo de una situación frecuente: si una persona ha sufrido por descuidos importantes en la edad infantil, como adulta podría plantear sus relaciones afectivas en busca de aquel amor especial y exclusivo que no ha recibido en la edad en que tenía necesidad y derecho a él.

Pero esta expectativa es poco realista en el marco de las relaciones propias de la edad adulta, y por eso es muy probable que quede insatisfecha. Si la persona no es consciente de esto, podrá emprender una búsqueda tan interminable como inútil de la relación perfecta, mediante continuos cambios de pareja, que siempre se revelarán insatisfactorios.

De este modo, la incapacidad para romper con el pasado se revela como una trampa terrible que hace imposible gozar de un presente imperfecto respecto al ideal originario.

¿Qué hacer, entonces? Los pasos psicológicos son: entender lo sucedido, admtirlo, tomar la decisión de dejarlo atrás, y vivir el presente tal y como se nos ha dado.

A veces, este recorrido necesita la ayuda de un especialista, sobre todo por lo que respecta a la posibilidad de entenderse a uno mismo. Pero superar el pasado requiere tomar una decisión personal, y dejar atrás la ilusión infantil de encontrar por fin la tan deseada compensación emotiva.

Esta es, sin embargo, la condición para ser libres y retomar un auténtico camino de crecimiento.

IV.
La familia se construye

¿Pareja perfecta?

La familia siempre empieza con el encuentro de un hombre y una mujer.

Pero el encuentro de un hombre y una mujer, aunque fueran del mismo ambiente cultural y hubieran crecido en el mismo edificio, pone en comparación recíproca dos mundos muy diferentes, cada uno con sus costumbres consolidadas, sus rituales, sus creencias.

Es algo que imprime su forma en todo el modo de vivir, en lo pequeño y en lo grande. No nos damos plenamente cuenta hasta que no empieza la vida en común: en ese momento él y ella se dan cuenta, al principio sonriendo, de que entienden el orden de manera distinta, y de que el modo «justo» de hacer las cosas era el de su casa...

Hacen falta muchos años para que, día tras día, se llegue a un entendimiento mutuo. Cuando las cosas van bien, se logrará construir poco a poco un estilo inédito, en el que confluyen costumbres, rituales, recuerdos, modos de decir y de hacer que proceden de las dos cepas originarias: así se crea algo absolutamente nuevo, que es la impronta característica de la nueva familia.

En una familia que «funciona», todos los miembros se parecen un poco, precisamente porque la convivencia les asimila en los pequeños y grandes modos de estar en el mundo. Pero el principio no siempre es fácil: las cosas pequeñas del otro son las que más nos irritan. No es sencillo renunciar a tantos hábitos consolidados, que nos han parecido siempre «naturales». El amor y la curiosidad hacia la persona que amamos y hacia todo lo que lleva consigo son la mejor guía. También hay que darse cuenta de que no hay un modo «justo» de hacer las cosas (cómo se cocina un determinado plato, cómo se hace el desayuno, cómo se distribuyen las tareas y los descansos, etc.). Más bien, hay que encontrar un modo «nuestro», experimentando, con un poco de paciencia recíproca y de buen humor.

La primera fase en la vida de una pareja está dedicada a conocerse en la vida cotidiana. Se trata de una fase delicada, pero también alegre y decididamente divertida, si es posible vivirla sin demasiado agobio.

Pero cada vez es más frecuente que un hombre y una mujer empiecen a vivir juntos cuando ya hay un niño en camino, muchas veces más «caído» que buscado. Entonces, la convivencia empieza desde el principio con tres. Incluso antes de medirse como pareja, de encontrar un equilibrio entre las diferencias personales, el hombre y la mujer se encuentran en la extrema complejidad de tener que medirse como padres, con todas las incertidumbres y preocupaciones que conlleva.

Este es el motivo por el que sería mucho más sabio respetar los diferentes pasos relacionales: enamorarse, conocerse mejor para comprender si podemos compartir un proyecto que dure toda la vida, casarse, tener hijos.

Por eso, no hay ningún moralismo en enseñar a los chicos que el respeto de las etapas tiene un sentido: es cuestión de sabiduría y deseo que ellos tengan una vida globalmente más agradable. Y, desde luego, menos esforzada...

Para la pareja, no es fácil seguir amándose a lo largo del tiempo, toda una vida: nunca lo ha sido. El problema actual puede ser considerar la dificultad como síntoma de una disfunción inexorable: ante la incomprensión o el esfuerzo, casi automáticamente lo interpretamos como signo de un *error en la persona*. «Tal vez me he equivocado de persona» no es un pensamiento marginal, sino casi el primer pensamiento que hoy sobreviene ante las primeras dificultades... Quizá es un modo de sentir y de pensar que se insinúa de forma inadvertida pero firme.

¿Realmente es así? También en lo que se refiere a la vida fisiológica de una pareja, es válido todo lo que he afirmado de la relación educativa: el sentido de lo normal se ha marchitado.

Basta detenerse a reflexionar un poco para entender una verdad muy sencilla: las dificultades y crisis no son excepcionales en la vida en pareja. Forman parte natural del recorrido y, como cualquier crisis correctamente entendida, son potenciales desafíos al crecimiento y a buscar lo mejor, también en el plano individual.

Hay motivos de diverso orden para hacer esta afirmación. El primero se refiere a algo que, al menos en la práctica, parece evidente, hasta el punto de ser tema de bromas y anécdotas de todo tipo: el modo de funcionar (sentir, pensar) de un hombre y el de una mujer es muy diferente.

El segundo motivo: la procedencia de cada uno está arraigada en su familia de origen, con sus costumbres, sus convicciones de fondo, sus presupuestos existenciales. Estas costumbres se dan por descontadas hasta que se comparan con el mundo del otro. Y este encuentro impone elecciones nada fáciles.

Una dificultad ulterior nace de que cada uno de nosotros tiene un ritmo personal de crecimiento y desarrollo, cuya evolución no siempre está en armonía con la de nuestro compañero/a de viaje... La persona a la que hemos elegido y con la que nos hemos casado cambia con el tiempo. Por nuestra parte, también nosotros cambiamos, según las diferentes experiencias que la vida nos brinda. Esto hace necesario mantener bien activa la comunicación, para comprender lo que sucede a cada uno, los desafíos a los que el otro está haciendo frente, los objetivos que se propone. Requiere curiosidad, pero también flexibilidad y capacidad de adaptación, para no perder el contacto a medida que se avanza en el camino.

Por ejemplo, es bastante frecuente que, con el nacimiento de los hijos, la pareja conyugal se transforme solo en pareja de padres. De este modo, acaba por soslayar los motivos más personales y profundos del encuentro originario.

El conjunto de estos elementos forma una mezcla realmente explosiva de potenciales dificultades. Por ello es necesario, ante todo, caer en la cuenta de que es así, para que, cuando se presente alguna dificultad, no pensemos que hemos fallado en todo y que hemos de recurrir de inmediato a una separación...

Es importante tratar de buscar el mejor punto de vista. A mi modo de ver, este es el que considera la vida juntos como un viaje: tenemos que analizar el recorrido, prepararnos bien, disponer de los mapas y de los víveres necesarios. Pero, sobre todo, hemos de apoyarnos en que el compañero/a que hemos elegido, además de ser la persona de la que nos hemos enamorado, quiere ir precisamente allí a donde queremos ir nosotros... La atracción y afecto recíprocos corren el riesgo de no ser suficientes si los objetivos existenciales son demasiado diferentes.

En cambio, si tenemos la misma meta, cualquier dificultad se podrá superar, porque siempre nos las arreglaremos para encontrar juntos una solución.

En cuanto a la diversidad irreductible entre masculinidad y feminidad, se han dicho muchas cosas, hasta divertidas.

Creo que no es necesario volver a decir que la diversidad no coincide con la diferencia de valor, y que no tiene nada que ver con la potencial incapacidad de un sexo o del otro para desempeñar actividades o roles específicos.

La diversidad de la que hablo se refiere al modo particular de estar en el mundo por parte del hombre y de la mujer. Ambos están naturalmente orientados a acentuar aspectos diferentes de la vida personal y social, en una riqueza potencialmente infinita.

Este es, por lo demás, un argumento que importa especialmente a todo el variado mundo del «feminismo de la diferencia», que reúne a mujeres de diferente orientación bajo la bandera de la búsqueda del valor específico de la feminidad. No se propone contraponer lo femenino a lo masculino, sino ponerse a su lado, sin complejos de inferioridad o superioridad.

Pero, incluso sin entrar en profundidad en el tema (para esto remito a la riquísima bibliografía existente), toda mujer y todo hombre tienen la experiencia común de percibir, por momentos, la sensación de que hablamos lenguajes diferentes y hacemos referencia a códigos simbólicos muchas veces radicalmente distintos.

Esta diversidad también es origen de atracción y curiosidad recíproca, así como de enriquecimiento en el plano de las ideas y los sentimientos.

Deseo reseñar brevemente algunas de estas diferencias que, cuando no se comprenden, pueden estar en el origen de malentendidos en la relación de pareja.

Lo específico masculino

¿Existe una «especificidad masculina»?

Pertenece a la experiencia de cada uno de nosotros que, cuando nace un bebé, la primera pregunta que nos viene a los labios es siempre la misma: «¿Es niño o niña?». Cuando nace un bebé, lo primero que se hace es proclamar el sexo como un dato, que en un primer momento es solo físico, pero que se presenta como una evidencia sin sombra de duda.

Este «dato» pone en movimiento modalidades relacionales y emociones diferentes, situándose así en la base del recorrido educativo del pequeño. Si todo sigue su curso sin dificultad, esto llevará a que ese pequeño, niño o niña, se convierta en un hombre o una mujer, enriqueciendo el dato físico originario con elementos complejos, psicológicos y espirituales.

Creo que hoy es muy importante detenerse a pensar que cuando hablamos de un «dato», presuponemos desde el punto de vista léxico algo «recibido». Y junto a ello avanzamos la idea de algo que encontramos pre-dispuesto, sin que debamos ni podamos construirlo por nosotros mismos. Así, el lenguaje común lleva implícita la idea de que existen datos objetivos, naturales, que nos preceden. Y por ello existe también un orden natural de las cosas, dotado de leyes propias y de un orden suyo, que a nosotros nos es dado descubrir, pero no crear...

Hoy todo esto ha sido puesto radicalmente en discusión, y no tanto a partir de un verdadero y profundo intercambio de ideas, cuanto sobre la base de sugerencias progresivas, que poco a poco han creado un modo de sentir general: ya está vigente de forma casi indiscutida en nuestro contexto cultural el dogma relativista según el cual «cualquier manifestación de lo humano es una construcción cultural».

Entre otras cosas, esto tiene como consecuencia el hecho de que el sexo «no existe en sí mismo, sino que es solo un discurso cultural», y en cuanto tal no constituye un dato originario fundante del que partir para construir una personalidad coherente, sino solo una opción a elegir entre muchas.

A partir de estas consideraciones se hace aún más importante para cada uno de nosotros preguntarnos sobre nuestra especificidad sexual y redescubrir por completo su valor, recuperando el sentido profundo de lo que significa ser hombre y ser mujer.

En Italia, la reflexión sobre lo «masculino» ha sido emprendida por primera vez por el psicoanalista Claudio Risé, que ha dedicado varios libros al análisis de la psicología del varón y a los problemas derivados de la profunda crisis de la figura del padre en las culturas occidentales.

Para definir la especificidad de lo masculino haré, por eso, referencia a sus palabras, a las que remito para cualquier profundización. Según Risé, los significados más profundos de lo masculino tienen que buscarse en el símbolo masculino por excelencia, el «falo», «antiguo símbolo del saber, del poder y del placer». El falo, o pene, recuerda al varón que el punto central de su identidad es el tema de la abundancia y del don. En este sentido, el núcleo de la masculinidad es el impulso a «sembrar», sin demasiado cálculo e incluso con derroche, a actuar para introducir vida en el mundo, para generar riqueza material y también espiritual: lo masculino se expresa en engendrar hijos, ideas, pensamientos, proyectos.

A esto se une la idea de que la fuerza masculina se manifiesta en acciones como gastarse y arriesgar. Son exactamente lo contrario de la actitud de «ahorrar y ahorrarse», tan característica de esta sociedad nuestra, que podríamos definir como la «sociedad del preservativo y de las aseguradoras». En cambio, el verdadero signo distintivo de lo masculino es una generosidad capaz de mirar lejos, de pensar en el futuro.

El falo remite también a otro tema fundamental, el de la «potencia». Es bien distinta, en su significado profundo, de la prepotencia, hoy por desgracia tan difundida, y de la que es exactamente lo contrario.

Es más, podríamos afirmar que la prepotencia es signo seguro de fragilidad e inmadurez, no de fuerza, y que aumenta a nivel individual y social en paralelo al empobrecimiento de la auténtica potencia masculina.

La potencia masculina, de hecho, no está ligada a la opresión. Es, en cambio, una fuerza que expresa capacidad de control y dominio, en primer lugar, sobre uno mismo. Capacidad de acrecentar el propio saber y las propias cualidades para actuar de un modo transformador sobre el mundo. Y de proteger el desarrollo del otro más frágil que uno (el hijo, la mujer), hacia el cual se advierte una responsabilidad vinculante.

Siendo estas las características potenciales de lo masculino, su desarrollo no se puede dar en absoluto por descontado: el pequeño varón que viene al mundo es, en realidad, solo un cachorrillo necesitado de protección y de amor, que ha de completar un largo recorrido formativo hasta convertirse en hombre.

Y para que un pequeño varón pueda desarrollar en sí mismo esta fuerza vital, potente y creativa, hasta llegar a ser un hombre, son necesarias las aportaciones tanto de su padre como de su madre.

El papel del padre se puede sintetizar brevemente en las tres A identificadas y expresadas por el psiquiatra americano J. Nicolosi, que desde hace muchos años se dedica en Estados Unidos al tema de la identidad sexual y sus heridas. Son: A de Afecto, de Atención y de Aprobación del padre hacia su hijo.

El hijo debe vivir la experiencia de un padre que está presente y que muestra hacia él un interés auténtico, también cuando dispone de poco tiempo. Es un padre que «ve» al hijo, que permite y fomenta el contacto con él.

Nicolosi insiste mucho en la importancia del contacto físico, de la intimidad corporal entre un padre y un hijo varón, que pasa, por ejemplo, por jugar a luchar o compartir un deporte.

Pero el encuentro y la competencia física no deben, en ningún caso, incluir elementos que el niño pueda percibir como opresión o humillación por parte del más fuerte: la actitud fundamental es el respeto al cuerpo del otro, y el estímulo para que no tenga miedo de ponerse a prueba. En cambio, anima a seguir esforzándose por mejorar continuamente.

El padre, en este caso, debe apreciar y valorar más el esfuerzo que el resultado en cuanto tal. Por ello, nunca debe penalizar por su poco éxito a un hijo que pueda estar poco dotado. Al contrario, debe mostrarse orgulloso de él precisamente porque no se doblega ante las adversidades y no se retira de la competición, ni siquiera cuando sabe que no va a salir vencedor.

Otro consejo simple, pero fundamental: hacer cosas juntos. Hacer deporte, realizar pequeños trabajos, ir de excursión, practicar aficiones que sean interesantes para ambos. No es necesario tener especiales habilidades, sino solo compartir tiempo e intereses, aprovechando cualquier situación para transmitir al hijo las competencias, siempre que sea posible, con el afecto y respeto característicos de una buena relación.

Se trata de un modo fundamental de conocerse, de medirse, de apreciarse, sin necesidad de un intercambio verbal intenso. Por eso es adecuado a la relación entre hombres, por lo general menos preocupados y hábiles que las mujeres para el intercambio verbal.

Es un asunto entre hombres, fuera de la mirada materna, con reglas masculinas. Es indispensable para que el hijo varón conozca y aprecie un mundo distinto del femenino-materno de la casa y las reglas de la madre.

El papel de la madre con un hijo varón es igualmente fundamental. De hecho, si la madre no lo permite, el hijo varón nunca se convertirá en hombre.

La primera tarea de la madre es hacer que el niño perciba que su identidad de varón y de futuro hombre cuenta con su aprobación: la madre está contenta de que el hijo sea varón. Aprecia y respeta la diversidad masculina, y está contenta de que se acerque al padre para hacerse hombre.

Desde el punto de vista emotivo, la madre tiene un papel muy difícil. En cierto sentido, muchas madres lo perciben como innatural: debe estimular poco a poco el alejamiento de sí misma, y favorecer la desvinculación afectiva del hijo hacia ella sin inducir sentimientos de culpa por este «abandono».

El mayor don de una madre al hijo varón es precisamente este dejarlo ir, no retenerlo en su propia órbita y favorecer que se vincule progresivamente a otra mujer. Si todo va bien, esta llegará a ser más importante que ella misma en la escala de afectos de él.

Esto se concreta, por ejemplo, en saber regular el límite físico desde que el hijo es pequeño, aceptando progresivamente la distancia. Supone regular el límite psíquico, renunciando a estimular confidencias demasiado personales y respetando sus secretos, aunque sin frenar nunca la disponibilidad a la acogida y la cercanía afectiva.

Siempre está al acecho la tentación de espiar el mundo de los hijos. Puede que a veces parezca incluso estar legitimada por las muchas preocupaciones, por los peligros verdaderos o previsibles a los que están expuestos nuestros chicos en el mundo de hoy. Pero tendremos que tratar de resistir, y nunca espiarles.

No es tarea fácil, y se puede volver casi imposible para aquellas mujeres-madres que están insatisfechas de su relación de pareja y que, con el nacimiento del hijo, han encontrado un pequeño hombre que puede amarlas, admirarlas y hacer que se sientan indispensables. Estas madres acaban vinculando al hijo a sí mismas, haciendo que se sienta amado e indispensable, y haciendo sutilmente que se sienta culpable cada vez que se distancie emotivamente de ellas.

De este modo, se pueden formar parejas madre-hijo de una intensidad increíble, hasta el punto de resultar casi indisolubles, porque el hijo acaba viviendo su propia necesidad de desvinculación y crecimiento como una traición culpable a la persona que más le ama y le ha amado.

Pero esta situación es fuente de una gran infelicidad.

También la mujer más sola, sin marido o con una pareja que no funciona, tiene el deber de recordar con claridad y firmeza que el hijo está destinado a alejarse de ella, y debe animarle a seguir esta dirección.

La especificidad femenina

Podemos tratar de decir algo sobre lo específico femenino, aunque nos limitaremos a esbozarlo. Se trata de un tema que merecería, especialmente hoy, un tratamiento muy amplio[1].

---

[1] La autora escribió, posteriormente, un libro sobre este tema: *Erótica y materna*, Rialp, 2018 (N. del T.).

El movimiento feminista ha nacido y se ha desarrollado precisamente en torno a este interrogante, y al deseo de afirmar las capacidades de la mujer y su derecho y deber de ser plenamente protagonista en el escenario del mundo, igual que el hombre.

Hace años que el feminismo más maduro ha abierto un filón de pensamiento, que se puede definir como «feminismo de la diferencia». Se centra en la búsqueda del potencial específicamente femenino, sin volver a perseguir modelos masculinos.

Si el núcleo más profundo de la identidad de cada uno reside en el cuerpo, entonces se puede afirmar, sin lugar a dudas, que el verdadero poder de la mujer, específicamente distinto del propio del hombre e insustituible, se encuentra en su capacidad potencial de engendrar un hijo en el interior de su cuerpo, y convertirse en madre.

Es un poder grandioso y terrible. En realidad, el varón lo envidia en lo profundo de su inconsciente, porque está privado de él, y tiene que hacer la experiencia de su propia creatividad fuera de sí mismo.

La potencialidad materna no se define en un rol ni debe encarnarse necesariamente en la maternidad física. Define un potencial arquetípico poderoso que, si se reconoce y se acoge, puede llevar consigo desarrollos muy satisfactorios en los planos personal y social.

La especificidad femenina supone, ante todo, la capacidad de tejer vínculos y mantenerlos; incluye la capacidad de acogida de lo que es frágil, y el respeto y reconocimiento de lo que es fuerte; entraña una profunda relación con lo bello, y la libertad para identificar lo valioso, al margen del prestigio social que se le dé.

Incluye todavía mucho más, que sería hermoso volver a compartir.

Por desgracia, la asociación difundida mucho tiempo entre el tema materno y un mal digerido tema sacrificial ha contribuido a hacer poco atractiva la imagen de la feminidad-materna ante las nuevas generaciones de mujeres.

No se puede educar una feminidad positiva desde una imagen de mujer perdedora o sacrificada contra su propia voluntad. A quien, como yo, escucha por profesión las confidencias de mujeres jóvenes sucede, con demasiada frecuencia, que oye afirmaciones del tipo «no quiero acabar como mi madre». Con esto, estas chicas hacen referencia a mujeres-madres que han vivido insatisfechas e infelices, poco amadas, muchas veces sacrificadas, muchas veces poco apreciadas y reconocidas en el entorno familiar, y consideradas modelos poco atractivos como para ser imitados.

El problema es que, todavía hoy, demasiadas mujeres usan como medida de su propio valor criterios típicamente masculinos: categorías que llevan como consecuencia minusvalorarse a sí mismas y entrar en conflicto con el hombre, transformándolo en un enemigo a derrotar. En lugar de eso, esas mujeres podrían empeñarse en que la especificidad femenina sea reconocida positivamente, también por el hombre, y en lo que esa especificidad pueda aportar al desarrollo de la estructura social.

Pero, así como el varón, para convertirse en hombre, necesita apoyar su identidad en la imagen de un padre, también la identidad femenina tiene su eje central en la relación con la madre.

El problema consiste, por eso, en la forma en que cada mujer-madre comprende y experimenta su propia feminidad, el valor que le atribuye, lo orgullosa que está de ella...

Este es el gran desafío que se plantea a las madres de hoy: revisar con mayor conciencia su propia feminidad, para ser capaces de transmitir a las hijas un modelo finalmente positivo y satisfactorio para ellas. También en esto, se puede cambiar siempre. La conciencia de tener siempre encima la mirada de la propia hija puede ser un excelente estímulo para volver a empezar, también en el caso de aquellas mujeres que se sienten algo desanimadas: vamos a mirarnos al espejo, a encontrar nuestra sonrisa, nuestra belleza, nuestras ganas de reír... Vamos a pensar en lo que deseamos de ella para el mañana, vamos a hacerle ver que también hoy es posible, que las mujeres siempre tienen fuerza para volver a empezar.

Pero las madres han de otorgar a las niñas y a las adolescentes el permiso para crecer, para ser guapas y competentes. No han de tener miedo a que las hijas les puedan atacar. Estas, cuando se ven libres, por lo general tienen algo de pequeñas brujas, capaces de decir auténticas maldades y ponerse en su contra, a veces de forma insistente.

Esto requiere un aprendizaje para reconocer dentro de una misma, sin temor, los sentimientos de envidia tan frecuentes en el trato entre mujeres. No se han de temer estos sentimientos en nuestras niñas, sino que se puede aprender a gestionar su ambivalencia de forma natural.

Un breve ejemplo tal vez ayude a entenderlo.

María tiene ocho años y es hija única, muy querida por sus padres. Tiene una relación muy agradable con su madre, que procura ser a la vez afectuosa y justa, habla mucho con ella y muestra interés por cualquier problema, preocupación o malestar que pueda sentir. Cuando alguna cosa va mal, la madre y el padre afrontan juntos la conversación con María. La tratan como si fuera mayor, y hablan con ella hasta que la cuestión parece arreglada.

María siempre ha estado muy ligada a su madre, con la que nunca ha peleado, entre otras cosas, porque su madre le ha enseñado siempre la importancia de ser razonable y respetuosa con los padres.

¿Por qué, entonces, desde hace un tiempo parece que María tiene algún problema? Ha empezado a ponerse nerviosa, a sentir miedo, a bajar su rendimiento en el colegio, y tiene sueños raros y recurrentes: en ellos, es frecuente que la madre esté en el baño con ella, y del grifo, en vez de agua, sale caca. Pero parece que la madre no se da cuenta, dice cosas como «¡Qué agua tan limpia!», mientras María tienen la sensación de que algo va mal y de que la caca le da mucho asco.

Hablando con la niña y trabajando sus asociaciones, se manifiesta poco a poco en qué consiste el problema. Por medio de sus sueños,

María parece decir a su madre: ¿no te das cuenta de que también estoy enfadada? ¿Cómo es que no ves dentro de mí que a veces querría «llenarte de caca» (que es como decir «echarte encima las emociones feas que llevo dentro», esas de rabia)?

Es algo así como sí María añadiese: querría que te dieras cuenta de que, dentro de mí, junto a los sentimientos de amor, también hay sentimientos «malos» y de rabia hacia ti; querría que lo supieras y que esto no fuera un problema entre nosotras. Tú eres una madre que me entiende y razona conmigo, y yo ¿cómo puedo atacarte? Si te ataco, solo me sentiré muy mal, también porque sé muy bien que me quieres y tengo miedo a decepcionarte y, sobre todo, a darte un disgusto.

Para confirmar esta hipótesis, poco tiempo después de estos sueños María ataca por primera vez, directamente, a su madre: un ataque típico de una brujita pérfida, que ha descolocado completamente a la madre por la manifiesta «maldad» de las formas y de las palabras, así como por lo imprevisto e inusual. «No parecía ella, mi niña... —dice la madre, con tristeza—. Parecía como si yo ya no le importara nada... Tenía un aire de desafío... Me ha hecho un daño enorme».

En realidad, María sigue siendo María, y quiere a su madre exactamente igual que siempre. Solo que, aunque la quiere mucho, simultáneamente está en conflicto con ella, como suele ocurrir en las relaciones entre madres e hijas. Por eso necesita que la ambivalencia relacional normal entre ellas encuentre un espacio abierto, y que la madre sea capaz de aprender a soportarlo sin asustarse ni sucumbir.

Si es así, la relación entre ellas mejorará, María no necesitará más episodios y volverá a funcionar bien.

Entonces ¿qué tendrá que hacer la madre? Algo sencillo y muy especial al mismo tiempo: entender que este ataque abierto de su niña es, al contrario de lo que pueda parecer, una buena señal, signo de crecimiento: es, en cierto sentido, un modo equivocado de expresar una exigencia justa. Solo necesita aprender a gestionarlo.

Para hacerse mayor, una niña tiene que hacer un recorrido en el que se convierte en mujer, como la madre. Pero al mismo tiempo, se diferencia de ella. Y esto conlleva inevitables momentos de conflicto.

La madre tiene que tratar de entender y aceptar en su interior este estado de cosas, que incluye el dolor inevitable de los momentos de oposición y rechazo. Naturalmente, tendrá que gritar a María si le falta al respeto o le dedica malas palabras, pero sin permitir que esto le provoque una crisis en el plano personal. Después, sencillamente, tendrá que hacer las paces para que la niña sienta que su relación es tan sólida como para poder tolerar el conflicto y la reconciliación.

Los sentimientos reconocidos y aceptados nunca son realmente peligrosos. Podemos tomarlos como son y aprender poco a poco, con la solidaridad impagable de las demás mujeres, la belleza que tiene cada edad y cada fase de la vida. La creatividad de las mujeres es, en esto, realmente inagotable, y solo la puede obstaculizar quien alienta la envidia y empuja a las mujeres a enfrentarse entre sí.

Por último, hay algo que las madres tendrían que volver a hacer: empezar a transmitir a las hijas el sentido del propio cuerpo como valor a custodiar, y el verdadero significado de la intimidad, entendida como plena propiedad del yo. Volveré a hablar con más amplitud de este tema delicado e importante.

También los padres tienen una gran importancia en la construcción de una buena identidad femenina de las niñas.

Estoy convencida de que las «hijas de papá» o quizá mejor, «hijas empadradas», tienen una importancia especial, positiva y reconocible. Consiste en una especie de orgullo de sí mismas que es menos evidente en las demás mujeres.

Cuando hablo de hijas empadradas, me refiero a esas niñas y adolescentes que han recibido el don de notar estima hacia su padre y de ser correspondidas con la misma estima. Nada hay más importante que esto para una chiquilla.

El padre es el primer representante del mundo masculino en la vida de la niña: es un objeto más distante que la madre, y la niña le atribuye cualidades de potencia que se relacionan, en primer lugar, con sus mismas características físicas: su voz, su fuerza, sus capacidades, reconocidas por la madre al elegirle como compañero. También la mayor distancia hace de él un objeto de atracción y curiosidad.

Entre los dos y tres años, por lo general, las niñas que se sienten amadas empiezan a cortejar a su padre, y muestran un gran deseo de recibir su consideración. Muchas veces asumen actitudes hasta abiertamente seductoras, y muestran rivalidad hacia la madre, a quien contemplan con sentimientos de envidia por su belleza y sus grandes riquezas, entre ellas, la posesión del padre.

Por eso, ser mirada por su padre es muy importante: si el padre la tiene en cuenta; si le demuestra atención y afecto; si no la considera, en cuanto fémina, como algo de menor valor..., entonces todo va bien. Lo que cuenta es la mirada del padre: que ve y aprueba en ella su condición de pequeña mujer que crece.

La niña necesita de su padre algunas cosas sencillas y muy importantes. En primer lugar, necesita seguir contando con su estima a medida que crece.

He conocido a chicas y mujeres muy heridas por la imposibilidad de estimar a su padre, que estaba herido por su mujer, o dañado por fracasos profesionales y personales que ha dejado que le aplasten.

Las madres tienen, en este punto, la gran responsabilidad de apoyar siempre y en todo caso al hombre con quien se han casado, y de proteger su imagen a los ojos de los hijos.

Además, las niñas necesitan recibir de su padre, al que estiman, una confianza, algo que a ellas les sirva como recordatorio de un «sé lo que vales».

El afecto y la estima, si es posible, tienen que verbalizarse de vez en cuando. Pero lo que más cuenta es que existan, y que sean auténticos. Si el padre está decepcionado porque ha tenido una hija, o no da valor a la condición femenina, tampoco en su mujer, difícilmente va a transmitir a la chica el crédito que a ella le hace falta para crecer...

Por último, la niña necesita que su padre le transmita competencia, igual que al hijo varón, aunque respetando los gustos e intereses de una niña.

Nada prohíbe a un padre enseñar a una hija a practicar deporte, o compartir con ella habilidades de bricolaje que, sin duda, le serán más que útiles en la vida.

Después, cuando se produzcan conflictos entre madre e hija en la adolescencia, el padre —al que ambas estiman— podrá ejercer una mediación respetuosa entre ellas, muy útil para «enfriar el conflicto».

De pareja a padres

Cuando la pareja conyugal se convierte en pareja progenitora, las cuestiones educativas se tratan con acentos distintos, masculino y femenino. Esto se convierte a veces en motivo de desencuentro, más que de contraste.

Y no tendría que ser así. La diferencia en los códigos simbólicos que guían instintivamente el comportamiento de cada progenitor no nace, en realidad, para crear contraposiciones, o para hacer que prevalezca uno sobre el otro. En cambio, existe como un recurso educativo fundamental para ayudar al niño a crecer de forma equilibrada.

Para crecer bien, cada niño necesita recibir en la misma medida dos aportaciones fundamentales: amor y cuidado gratuitos, y un impulso decidido a la autonomía.

El psicoanalista Franco Fornari ha hablado de «código materno y código paterno» para definir las dos actitudes de fondo que inspiran la relación psicoeducativa, y que son indispensables para la correcta estructuración del yo.

Esto supone que el niño necesita sentirse querido «porque existe» (un amor no condicionado por su atractivo físico, su inteligencia o su capacidad, sino vinculado con su valor irrepetible como persona nueva), y sentir que puede merecer amor «por lo que sabe hacer», por las capacidades que consigue expresar poco a poco, gracias a su esfuerzo y tenacidad.

Estos dos tipos de amor son precisamente constitutivos de los dos «códigos»: el código que se puede definir como materno es de acogida y cuidado; en cambio, el paterno remite a un impulso hacia la autonomía y el crecimiento.

Los dos códigos representan «funciones» que pueden y deben estar encarnadas en los dos progenitores, cada uno según su estilo y su personalidad. Así, cambia también en función de los tiempos y modelos culturales: pero permanece el hecho de que ambos son indispensables para un desarrollo armónico, igual que las dos piernas con las que caminamos.

Generalmente, como ya he mencionado, la madre encarna de forma más espontánea el código del cuidado. En efecto, advierte como preminente el deber de asistir al cachorro, protegerlo, evitar que sufra e impedir el encuentro con la muerte.

El padre, en cambio, entra en la relación un poco más tarde y desde una distancia diferente. Encarna, por lo general, con mayor naturalidad, el papel de empujar al cachorro al crecimiento: para hacerlo, tiene que alejarle de la madre y empujarlo para que se enfrente con las cosas de la vida. Más que ahorrarle esfuerzo y sufrimiento, tiene que enseñarle a afrontarlos, y si realmente es padre, tiene que prepararlo para el encuentro fundamental con la muerte.

Por eso, es necesario encontrar un correcto equilibrio entre las partes, entre asistir y estimular, entre proteger e impulsar. A veces, precisamente en este punto se encuentra la clave para resolver pequeñas dificultades y situaciones problemáticas.

Como ejemplo, puedo poner la historia de Carlo, un niño de nueve años, de cuarto de primaria. Es un niño tímido y reservado, al que le gusta poco el conflicto. Como a la mayoría de los niños, le encanta el fútbol, pero siempre ha preferido limitarse a jugar en el pequeño equipo de la parroquia, precisamente para no encontrarse en situaciones demasiado competitivas. Pero este año ha decidido que, cuando empiece el colegio, se va a inscribir con dos compañeros de su clase en una sociedad deportiva, donde jugará verdaderos partidos.

Pasan dos meses de colegio. Son algo difíciles, debido al cambio de un profesor a quien el niño quería especialmente. Su madre y su padre empiezan a observar que tiene un llamativo tic en los ojos: Carlo los abre de par en par y los cierra; nunca lo había hecho, y dice preocupado a sus padres que no puede evitarlo. Asustados a su vez, los padres vienen a consulta.

Repasamos los diferentes sucesos del último periodo, para entender qué puede haber estresado al niño: el colegio ha empezado fuerte y ha aumentado la exigencia de estudio; Carlo ha recibido algunas notas negativas; su hermanita ha estado enferma, y Carlo ha mostrado unos celos inusuales por las atenciones que se le han dedicado; su madre tampoco ha estado bien, y esto ha provocado ansiedad en el niño, especialmente ligado a ella.

En un cierto punto, el padre hace una observación más convincente: dice que se ha dado cuenta de que el nuevo entrenador de fútbol es una persona muy preparada pero hosca, que fácilmente levanta la voz a los niños y exige especialmente a quienes le importan más: Carlo es uno de estos, ha recibido más de un grito, y los tics pueden ser manifestación de su tensión por el miedo de no estar a la altura de las expectativas del entrenador, que le importan mucho.

La hipótesis es buena, y se abre el debate entre los padres sobre lo que hay que hacer, con la típica diferencia de acento materno y paterno: la madre se inclina a sacarle del equipo, tal vez con alguna excusa sensata que permita una salida airosa; en cambio, el padre piensa que hay que insistir en que se quede, para que pueda templarse...

Tras una discusión muy interesante, los padres llegan a proponer una solución compartida: el padre va a ir a ver al entrenador sin que Carlo lo sepa (se morirá de vergüenza si se entera) para hablarle de su hijo. Le pedirá que siga reprendiéndole y estimulándole, pero también animándole de forma más abierta, con aprecio más evidente por su esfuerzo.

Esta idea es un buen resumen de lo que entiendo por equilibrio entre proteger a un hijo y estimularle: de este modo, los padres tienen en cuenta la vulnerabilidad del niño, pero no le ahorran permanecer en la realidad y afrontarla con esfuerzo.

Como confirmación de que la idea ha sido buena, muy poco tiempo después de la intervención eficaz del padre desaparecieron los tics. Carlo ha vuelto a ser un niño más sereno, siempre tímido, pero sin nada llamativo...

En la vida cotidiana se producen muchas batallitas y pequeños conflictos que sitúan a los padres en lados opuestos del frente: la madre que tiende a proteger y consolar, el padre que empuja al niño para que se esfuerce y no lloriquee; la madre lo acoge, se acuerda de lo que le gusta, escucha sus confidencias, y el padre le sigue en el deporte, para hacerle ver que aún puede mejorar y para explicarle lo que tendría que hacer... Etcétera.

Una actitud no es menos necesaria que la otra.

Si crecen solamente con el código materno comprensivo, los niños acaban creyendo que tienen derecho a recibir amor y reconocimiento sin poner esfuerzo alguno. Se convierten en adultos imposibles, que piensan que el mundo siempre les debe algo, independientemente de lo que ellos hacen o dan.

Pero si solo crecen con el código paterno, se convierten en personas poco empáticas y poco capaces de acceder a la reserva de su propia creatividad.

Por eso, el problema no radica en la diferencia de códigos, que constituyen una riqueza y se complementan mutuamente. El verdadero origen del problema está en que nos hemos vuelto incapaces de interpretar su valor, y tendemos a pensar que el otro (papá o mamá) realmente no entiende, ya que se porta con el niño de un modo muy distinto al que nos parece adecuado.

Esto se encuentra cada vez más en el origen de muchas incomprensiones y tensiones de las parejas jóvenes que quieren ser buenos padres: la madre considera que el padre es demasiado rígido e incapaz de entender al pequeño, el padre piensa que la madre solo sabe consentirle y que no le deja crecer. A su vez, el niño está confuso al encontrarse inmerso en un modelo educativo contradictorio y a menudo incoherente.

Debido a nuestro clima cultural concreto, el código del cuidado parece gozar de mejor salud que el del empeño y esfuerzo. Esto lleva hoy en día a que muchos padres interpreten su papel del mismo modo que las madres, multiplicando las ocasiones de cuidado y casi disputándoselas a sus compañeras. Por lo demás, las mujeres parecen pedir muchas veces precisamente esto. En realidad, este estado de la situación no hace feliz a ninguno. Las madres, en el fondo ven usurpado su papel de refugio y protección, y acaban por ponerse celosas de que sus pequeños confíen más en papá. Los padres, normalmente, no se encuentran totalmente a gusto en la parte materna y, en lo más profundo, preferirían hacer de padres a su manera. Sobre todo, tampoco beneficia a los niños, que no necesitan dos madres ni dos padres, sino justamente una madre y un padre, distintos entre sí e indispensables para su crianza.

El discurso se hace todavía más amplio cuando introducimos el tema de la construcción de la identidad sexual.

De hecho, la madre y el padre pueden ser parcialmente intercambiables en la respuesta a las necesidades básicas del niño, ya sea en el cuidado o en lo referente al estímulo de su desarrollo. En cambio, no son intercambiables en la construcción de la identidad sexual: como se ha dicho ya, es necesario un hombre para construir a otro hombre, y una mujer para construir a otra mujer.

Por este motivo, el progenitor del mismo sexo tiene siempre un papel de primer plano, específico y no intercambiable, mientras que el progenitor del sexo opuesto desempeña un papel igualmente fundamental, pero de retaguardia, de apoyo y refuerzo.

V.
Errores pequeños –
errores grandes

Laura y Francesco: primera parte

Laura es una pequeña rubia, muy vivaz, de tres años. Tiene ojos muy negros, inteligencia despierta, y una notable capacidad de palabra para su muy temprana edad. Es hija de padres atentos, jóvenes profesionales con buenas lecturas de psicología, que le han transmitido afecto, seguridad y competencia.

Laura parece una niña muy segura de sí misma: es capaz de dormirse sola en su cama, y la entrada en la guardería ha sido fácil y lograda: la pequeña aprovecha muy bien todas las oportunidades de aprender y de jugar. Solo cuando se la observa bien es posible apreciar que parece a veces demasiado excitada, casi deseosa de exhibirse ante los adultos, que destacan, complacidos, sus notables capacidades. Además, muestra un punto débil singular: si se le regaña, aunque sea amablemente y por cualquier pequeñez, Laura se desespera de un modo exagerado, y los padres tienen que hacer bastante esfuerzo para consolarla.

En un primer momento se diría que Laura ya manifiesta algunos rasgos de su carácter: tiene bastante inclinación a exagerar («Va a ser actriz», se dice de ella) y parece más bien quisquillosa.

¿Pero qué es el carácter? ¿Por qué esta preciosa pequeña (conviene especificar que es absolutamente normal, serena, con un buen desarrollo) parece desesperarse tanto cuando comete cualquier pequeño error, o cuando no encuentra de inmediato la habitual aprobación de los adultos?

Francesco también tiene poco más de tres años. Es hijo único de una pareja ya bastante mayor, que hace todo lo que puede para responder a las exigencias de un niño de salud bastante frágil: sufre una enfermedad en la piel que hace difícil cuidarlo, y este es uno de los motivos por los que su madre y su padre le abrazan poco, y mantienen con él una relación basada sobre todo en el intercambio verbal.

Francesco, que es un niño inteligente, ha desarrollado capacidades de lenguaje y una serie de intereses, complejos e inusuales para su edad, que funcionan muy bien en el trato con sus padres y los demás adultos. Pero parece poco dispuesto a la relación con sus coetáneos: aunque no los evita, los busca poco, y sobre todo se apoya muy poco en las actividades físicas y motoras típicas de los niños de su edad. Por lo demás, parece tranquilo: come con apetito, duerme sin dificultad, y en la guardería en la que lleva poco tiempo inscrito es considerado como un niño algo tímido.

De nuevo: ¿por qué Francesco está desarrollando este tipo de carácter? ¿Es tímido de modo innato? ¿Va a ser siempre la suya una sociabilidad esquiva y algo difícil?

Son interrogantes fascinantes.

Cuando decimos de una persona «es así su carácter» nos referimos a una configuración bastante estable de características que definen su funcionamiento, y las consideramos, en general, innatas.

Pensamos que ese modo concreto de funcionar al que denominamos carácter se ha ido estructurando y consolidando poco a poco, sobre la base de interacciones muy complejas.

Tantos años de trabajo con niños y adultos me ha puesto muchas veces ante los ojos el entrelazamiento, complejo e irrepetible, entre dotaciones innatas e historia personal. Cada uno de nosotros nace con características de temperamento diferentes y con una dotación totalmente personal desde el punto de vista de las potencias intelectivas y afectivas. Pero la forma que va a asumir el carácter de cada uno solo se construye dentro del mundo de nuestras relaciones, así como la imagen de fondo que nos hacemos de nosotros mismos.

Por eso hay infinitas posibilidades, tantas como personas: cada una viene al mundo con su dotación innata, que la pone en relación de un modo único con el mundo que le rodea.

También dos gemelos monocigóticos, potencialmente dotados de características idénticas, van a desarrollar caracteres diferentes, porque la respuesta del ambiente nunca es idéntica y la interacción de cada uno de ellos con quienes les cuidan se va a configurar siempre de forma diferente.

Al nacer, el pequeño carece de una idea mental de sí mismo. Simplemente se percibe a través de la experiencia de su cuerpo: sano o sufriente, un cuerpo que empieza a percibir sus propios límites mediante el abrazo del cuerpo de un adulto.

La voz, la mirada, la presión del toque, el ritmo presente en el contacto, constituyen la base primaria de la percepción corporal del yo. El intercambio siempre tiene una doble dirección: la madre y el recién nacido tienen un diálogo constante entre sí. Al principio, es principalmente no verbal, con una adaptación recíproca y continua. Cuando nace el pequeño, el instinto facilita a la madre comprender los signos, pero hay una continua adaptación, que está constantemente vinculada a los mensajes que el pequeño, que no es pasivo en absoluto, envía constantemente.

La criatura humana se estructura por la relación, y no puede dejar de comunicar, salvo cuando hay patologías graves del desarrollo.

Una sintonía «suficientemente buena» entre el pequeño y las personas que asumen con afecto su cuidado constituye la base para la vivencia profunda e inconsciente del mundo como un lugar sustancialmente bueno, y del propio yo como algo valioso.

A partir de la respuesta que encuentra en el mundo de sus relaciones, el niño empieza a percibirse como adecuado o inadecuado: el mundo externo envía continuamente señales que el pequeño percibe e interpreta en clave de aprobación o desaprobación. A partir de estas señales y de su interpretación, construye poco a poco una imagen de sí mismo.

Pero el niño, sobre todo cuando es muy pequeño, no tiene la misma capacidad que el adulto para comprender lo que ocurre a su alrededor: su lectura de los signos del mundo externo depende estrechamente de su edad y de su nivel de desarrollo.

Esto quiere decir que el niño «interpreta» a su manera todo lo que sucede, según las características del pensamiento infantil.

Por eso, para comprender esta lectura de los signos que hace el niño y la interpretación que les otorga, hemos de tener siempre presentes cuáles son, en cada edad, las capacidades de comprensión e interpretación de la realidad.

Diferencias entre niño y adulto

El niño y el adulto no tienen la misma capacidad de interpretar la realidad. Nos damos cuenta muchas veces, cuando tenemos la paciencia y la curiosidad de escuchar a los pequeños, que nos sorprenden con sus salidas, a veces desconcertantes e imaginativas. Su modo de ver las cosas es diferente al nuestro, y cambia sin solución de continuidad desde los primeros años hasta la adolescencia, cuando el pensamiento se hace capaz de abstracción y se vuelve análogo al del adulto.

Creo que es muy importante reflexionar sobre estas diferencias para entenderlas, porque pueden generar incomprensiones entre el adulto y el niño. De hecho, el niño va a tender a interpretar todo lo que sucede en él y a su alrededor a partir de este modo de funcionar, y va a actuar en consecuencia.

Para comprender estas diferencias son importantes las aportaciones de Anna Freud, que en su libro *Normalidad y patología en la niñez* ha destacado que en la psique del niño existen zonas distintas que pueden producir «equívocos» en la interpretación de las acciones de los adultos.

Se trata de diferencias no tanto de tipo cuantitativo, como cualitativo. Creo que es muy útil presentar sintéticamente las más significativas.

La primera característica fundamental del niño es *su egocentrismo sustancial*. La palabra tiene en el adulto una connotación negativa, pero, en cambio, en el niño representa un modo de ser ineludible: el niño, sobre todo en las edades más pequeñas, no puede interpretar el mundo más que desde sí mismo y desde sus experiencias concretas.

El niño tiene una gran dificultad para imaginar que las cosas y las personas funcionan más allá de él y sin referencia a él. Por ejemplo, que su madre y su padre tienen emociones, preocupaciones y pensamientos propios, no referidos a él.

Para que nos entendamos, una experiencia muy común es la del niño que pregunta a su madre «¿estás enfadada conmigo?» solo porque la ve seria, preocupada o triste. No es capaz de imaginar que su madre puede tener emociones independientes de él.

No es infrecuente que el pequeño se imagine que sus padres se pelean por su culpa, o que esperen que él se comporte siempre como un niño muy bueno.

Este es el motivo, entre otros, por el que el nacimiento de un hermanito se puede interpretar como una traición de los padres. O de que una ausencia prolongada del padre pueda ser vivida como un abandono: ya sea «porque el padre es malo» o «porque yo soy malo».

Esta modalidad egocéntrica no tiene relación alguna con el egoísmo, y debemos distinguirla de él. Se puede decir que hay algunos niños egoístas, pero todos los niños son egocéntricos. Tiene que ver, en cambio, con la inmadurez del pensamiento, que es concreto y está basado en la experiencia. Solo la ampliación de la experiencia y la maduración del pensamiento conducirán poco a poco a interpretar de forma distinta lo que ocurre.

Saber que los niños interpretan el mundo haciendo referencia a sí mismos, nos puede ayudar a entender la importancia de dedicar un poco de tiempo y atención a explicarles las cosas, con un lenguaje que debe ser sencillo. También cuando los niños ya hablan muy bien, incluso con un lenguaje rico: esta dificultad para entender, de hecho, no está relacionada con un problema de inteligencia, sino de maduración emotivo-cognitiva que persiste también más allá de lo que nos puede parecer desde una observación superficial.

Todas estas cosas se hacen muy evidentes cuando se profundizan los contenidos de la vida psíquica en la psicoterapia de personas adultas. Entonces emerge desde el inconsciente la lectura infantil de lo que ha tenido lugar muchos años antes, con las mismas características que tenía entonces. Muchos adultos todavía llevan intacto en su interior al niño que se ha sentido descuidado, poco querido, poco reconocido, poco valorado...

Nuestro mundo psíquico está poblado principalmente por los hechos pasados, pero sobre todo por la interpretación que hemos sido capaces de dar a esos hechos según el momento de desarrollo en el que se han producido. Por este mismo motivo, nunca se debería tomar al pie de la letra lo que cuenta un niño. Habría que aprender a leerlo a través de sus ojos, y a descodificarlo.

Para dejar más claro cómo piensan los niños, puede ser de ayuda una pequeña anécdota divertida, que me sucedió con mi segundo hijo, Matteo. Muestra de qué manera nos atribuyen poderes y capacidades que en realidad no poseemos.

Matteo tenía unos cuatro años, y estaba sentado en una silla cerca del fuego de la cocina, observando con atención la preparación de un puré de patata.

Cuando yo iba a echar la sal, empezó a sonar el teléfono. Me alejé por unos instantes, muy breves, diciendo a Matteo que no tocase absolutamente nada.

Pero, al volver, me di cuenta de que, con un movimiento muy rápido, mi hijo había echado en el puré todo el recipiente de la sal...

Naturalmente, me enfadé con él, y le reñí. Matteo me miró imperturbable, con sus grandes ojos oscuros y sonrientes y, con una lógica absolutamente infantil, me dijo: «Es culpa tuya... ¡Tenías que saber que yo no tengo cerebro!».

Sin duda, la respuesta podría parecer extraña. Pero a los ojos de un niño de esa edad tiene una lógica totalmente concluyente: mamá «sabe», y entre las cosas que sabe no puede faltar el conocer bien la impulsividad de su hijo. Por eso, a ella le toca no fiarse, no dejarlo solo con la tremenda tentación de seguir su impulso. De lo contrario, la responsabilidad del impulso es solo suya.

A este propósito, también es importante tener presente que la capacidad de controlar los impulsos es una habilidad que necesita mucho tiempo y la ayuda del adulto. Y no hemos de olvidar que las rabietas y los gestos impulsivos de un niño no son necesariamente signos de un carácter difícil.

Saber valorar bien la gravedad de un estallido de ira es una de las competencias que un padre tiene que aprender a desarrollar, para no castigar como grave, por ejemplo, la crisis de un niño de tres años que se muere de cansancio...

Si el egocentrismo es un elemento fundamental del funcionamiento infantil, otra clave es la que aporta una segunda diferencia importante: *la distinta valoración del tiempo* según las edades.

Todos tenemos la experiencia de que la percepción del tiempo no está ligada solamente a variables objetivas. Los momentos bonitos siempre son demasiado breves, mientras que los malos nunca terminan. Pero en el niño esta dimensión es casi exclusivamente subjetiva, lo que contribuye a alterar la vivencia de las distintas experiencias.

Para un niño en educación infantil, por ejemplo, todavía no es posible ordenar el tiempo en «ayer, hoy, mañana», ni estructurarlo en semanas o meses, ni valorar su duración de modo objetivo. Por este motivo, necesita pequeñas ayudas concretas, sobre todo cuando hay que establecer algo, o cuando cambian los ritmos habituales.

El modo de razonar de los niños de esta edad me ha quedado muy claro gracias a mi hijo mayor, cuando iba a la escuela infantil.

Nuestra familia había programado ir a la playa. Gianni estaba ansioso por salir y seguía atormentándome con preguntas sobre el momento de la marcha.

Y le di mi respuesta, sencilla y clara para cualquier adulto: nos vamos dentro de una semana.

Pero mi hijo me miró directamente a la cara, con aire de paciencia, y me volvió a preguntar, marcando bien las palabras: «¿Después de cuántos sueños nos vamos a la playa, mamá?». La experiencia cíclica de la alternancia de vigilia y sueño, para él que sabía contar hasta diez, era evidentemente mucho más concreta y significativa que la palabra semana.

Cuando por fin capté el problema, le respondí: «Quedan siete sueños». Mi hijo, que es un tipo preciso y que todavía descansaba a mediodía, todavía preguntó: «¿Sueños cortos o largos?».

Este es el modo que tienen los niños pequeños de medir el tiempo, y por eso es también el modo que tenemos de ayudarles: haciendo referencia a los puntos cardinales sobre los que se apoya su experiencia.

Precisamente por esto, a los niños les gusta mucho que haya cierta ritualización y repetitividad en la jornada. Lejos de aburrirles, como podría pasar a un adulto, les da seguridad porque hace las cosas bastante previsibles.

Todo esto es especialmente importante en los años que van del nacimiento al final de la escuela infantil. Son años en los que el pequeño todavía no es capaz de apoyarse bien en la variable del tiempo: si tenemos esto presente, le podremos transmitir las informaciones que necesita para no verse arrastrado por los acontecimientos.

Hago ahora referencia a una tercera diferencia destacada por Freud, y frecuentemente infravalorada por los adultos, sobre todo hoy: se trata de la *inmadurez sexual de los niños*, que les impide intuir el sentido de la relación sexual adulta.

A los padres de hoy en día les preocupa mucho cómo dar a sus hijos la información sexual correcta. Piensan que, de algún modo, la precocidad de las informaciones puede proteger a los niños de posibles riesgos o de informaciones equivocadas que les puedan dar otros.

En realidad, las cosas no son tan sencillas: todos hemos podido constatar que los niños vuelven a preguntar varias veces cosas sobre las que creíamos haber sido exhaustivos y que ellos parecían haber entendido. Más aún: a veces nos asombra ver cómo, a pesar de las explicaciones de los adultos, los niños persisten hasta cierta edad en mantener sobre este tema teorías improbables pero muy difusas, como la de la fecundación por medio de un beso, o del nacimiento por el ano.

En realidad, para el niño es imposible imaginar algo que desborda por completo su experiencia directa. Su intento de comprensión le lleva a tratar de integrar las informaciones que recibe con los elementos concretos de los que dispone.

La conclusión es que nunca debemos acelerar la información sexual, forzando etapas. Por muy bien que se haga, nuestro esfuerzo va a resultar inútil. Por el contrario, podría incluso resultar dañino, por ejemplo, si se nos ocurriera ser muy «científicos» y utilizar para explicarnos imágenes demasiado explícitas. Inevitablemente, esto transmitirá al niño una sensación mixta y confusa de excitación y de horror, difícil de arrancar. Por desgracia, de esto tienen experiencia muchos profesionales que tratan con niños sometidos a una verdadera invasión de estímulos de fondo sexual, también muy explícitos.

Laura y Francesco: segunda parte

Ahora podemos volver a los dos pequeños protagonistas de este capítulo, y tratar de interpretar lo que está sucediendo.

La pequeña Laura es una niña muy querida, y los adultos que le rodean están justamente orgullosos de sus capacidades. Laura es primogénita, y al igual que muchos niños de hoy se ha acostumbrado a recibir felicitaciones y gratificaciones por cada pequeño éxito o habilidad. Esto hace que se sienta bien, querida, y muy capaz. La imagen que Laura está construyendo de sí misma puede sonar más o menos así: yo soy una niña especial, y todos me quieren porque soy muy especial.

Ser niños especiales es muy bonito, pero al mismo tiempo obliga a mantener un estándar de funcionamiento muy elevado. Esto supone, en los niños dotados, un florecimiento continuo de habilidades nuevas, pero también entraña una carga notable de responsabilidad. ¡No se puede ser especial siempre!

Ciertamente, en las intenciones de sus padres no está en absoluto pretender demostraciones especiales de talento por parte de Laura. La quieren tal y como es, y saben muy bien que hará cosas correctas y erróneas, como todos los niños... El problema se encuentra en el modo en que Laura, que es tan pequeña, interpreta los signos: dada su edad, su pensamiento es necesariamente egocéntrico y autorreferencial. La lleva a considerar que sus padres la quieren precisamente porque es especial y que le corresponde a ella mantener alto su interés, con nuevas proezas.

Por eso, ante un error, cuando otro le dice simplemente: «ten cuidado» o «esto no está bien», cuando el tono del adulto deja de ser de alabanza y admiración y se vuelve reproche, aunque sea blando, Laura se siente muy herida y nace en ella un doloroso sentimiento de vergüenza...

Sigo con el esquema de pensamiento que he procurado seguir hasta ahora. Podemos preguntarnos: ¿cuál es el problema? Y si hay un problema: ¿Cómo hemos de intervenir?

Según los elementos que tenemos, Laura no presenta ninguna patología: es una niña preciosa y se desenvuelve bien, tanto desde el punto de vista cognitivo como desde el instrumental.

Su especial vulnerabilidad ante la crítica no parece en sí, por ahora, un verdadero problema. Parece más bien que se está configurando un rasgo de carácter, que depende de la interacción entre el temperamento de Laura y los estilos que el ambiente ha adoptado hacia ella.

Tal vez se pueda pensar que este rasgo de carácter, si no se suaviza un poco, podría ser motivo de algún sufrimiento innecesario para Laura, porque la pone en situación de tener que demostrar constantemente que está a la altura.

Pero si los padres se dan cuenta de estas pequeñas dificultades, es muy probable que las cosas cambien poco a poco, sin necesidad de más intervención que un poco de atención, y así el «carácter» de Laura se estructurará de forma más flexible.

Por ejemplo, cada vez que se produce un pequeño contratiempo, mamá o papá pueden contar a Laura alguna vez que también ellos de niños provocaban un desastre, que ellos también se preocupaban mucho, y que en realidad es normal que los niños hagan desastres... Seguramente, Laura les va a escuchar con atención, y se puede hacer a la idea de que equivocarse tal vez no sea tan grave. Es algo que también les pasaba a mamá y papá.

Al mismo tiempo, los padres pueden crear alrededor de ella un clima de menores expectativas, de normalidad, para que sea evidente también para ella que no hace falta ser especial para tener el amor de los padres y los demás adultos.

Por lo que se refiere a Francesco, también podemos pensar que necesita un poco de ayuda de sus padres, sin pensar por eso que se trate de un niño problemático.

Mamá y papá han tenido este hijo a edad avanzada. Además, ambos son intelectuales: tratar a un recién nacido no ha sido tarea fácil para ellos. Si a esto se suma la enfermedad de la piel que ha creado molestias a Francesco en el primer año de vida, se entiende que el niño haya dado poca importancia a su cuerpo y haya preferido fiarse de su pequeña mente vivaz. Probablemente, su interpretación de la situación es la siguiente: mamá y papá quieren y valoran mi mente más que mi cuerpo; y además: los mejores placeres proceden de la mente, el cuerpo no tiene un gran valor en la relación.

En consecuencia, es necesario que mamá y papá entiendan que el cuerpo es muy importante, y que Francesco necesita ayuda para experimentarse poco a poco desde este punto de vista. Puesto que es un varón, papá podría encargarse de llevarlo con él a hacer alguna actividad física sencilla: dar un par de patadas a un balón, correr con el cronómetro para ver lo rápidos que son, luchar de broma y sin hacerse daño...

No hace falta tener dotes especiales para el deporte para estar conforme con el propio cuerpo...

Estas actividades sencillas podrían beneficiar tanto a Francesco como a su padre. Francesco en concreto, podría adquirir confianza en su cuerpo y tener menos miedo de compararse, ahora o en el futuro, con los demás niños, a los que tanto les gusta expresarse por el movimiento. Le seguirán encantando los libros y las palabras, y puede que siga siendo un poco tímido, pero cuando crezca estará más preparado para afrontar la vida con el cuerpo y la mente a la vez: habrá desarrollado el tipo de carácter propiciado por el cruce de eventos internos y externos, pero sin los excesos a los que conducen el sufrimiento psíquico y la patología.

Hemos subrayado varias veces que no existen relaciones perfectas y que es imposible que no nos equivoquemos alguna vez con nuestros hijos. Sin duda, también Laura y Francesco padecen la imperfección natural de sus padres. Pero nada de esto constituye un problema grave. Se podría decir incluso que la variedad de nuestros errores menores contribuye a la construcción de la tipología infinitamente variable de caracteres individuales presentes en el mundo, con la secuela natural de pequeños sufrimientos que acompaña nuestra vida.

Si acaso, el problema es otro: al ocuparme, como psicoterapeuta, de adultos con sufrimientos más graves, me he preguntado muchas veces qué habría podido hacer que su historia fuera diferente. He escuchado muchísimas historias, muchísimos recuerdos, y muchísimo dolor nacido de episodios donde es frecuente que no haya culpables, sino solo personas que, sin querer, se han equivocado con sus hijos en algo importante, quizá simplemente porque no sabían hasta qué punto era importante.

De este modo, me he preguntado: ¿Hay errores más frecuentes con consecuencias importantes? ¿Hay estilos cuyas consecuencias no sean solo el cansancio normal de educar y las diferencias normales de carácter, sino que den paso a verdaderos dolores psíquicos y un impedimento real para vivir bien la propia vida? ¿Qué hace que, desde un carácter algo rígido, se pueda pasar a una necesidad exagerada de control, o que de la timidez se pase e la profunda dificultad para tener relaciones de cercanía y confianza? ¿Qué hace que alguien viva en desacuerdo profundo con su propio yo, sin apreciar su valor?

No pretendo, por supuesto, resumir en pocas palabras los complejos conocimientos psicológicos necesarios para responder a preguntas como estas. Pero pienso que es oportuno tratar de identificar, de la forma más operativa posible, alguna indicación que compartir con los padres, porque en el terreno educativo y afectivo existen errores pequeños y grandes, y cada uno de nosotros puede aprender a evitar los más grandes.

Existen estilos que favorecen el crecimiento y un desarrollo psicológico sereno, y otros que lo obstaculizan. Identificarlos de un modo no demasiado complejo podría sernos de ayuda.

Dada la complejidad de la materia, he tratado de extraer de mi experiencia y de mis lecturas los elementos que se repiten con mayor frecuencia y que son más significativos. Los capítulos que siguen son un intento de compartir estas reflexiones.

Cada niño que viene a este mundo necesita algunas cosas importantes: ser acogido, ser respetado, recibir los instrumentos para crecer y desarrollar las potencialidades que le han sido dadas como dotación en el momento de nacer.

Quisiera añadir otra necesidad fundamental. Diría que se trata de un verdadero derecho de todo niño: ser educado por el adulto. Tiene derecho a esperar que el adulto que le quiere asuma la responsabilidad de enseñarle un camino.

¿Pero qué significa en concreto ser respetados, ser acogidos, recibir instrumentos para crecer?

¿Qué significa ser educados?

La idea de la buena acogida es en cierta medida la más intuitiva, porque tiene que ver con el amor que damos a nuestros hijos.

Es más difícil entender bien el significado que tiene el respeto para un niño. A primera vista, se trata de un concepto obvio y, ciertamente, ningún padre o madre considera en primera instancia que le falte respeto a sus propios hijos.

Pero el respeto del que hablo es un concepto complejo, que merece una reflexión estructurada en diversos puntos, que nos permitan profundizar. Es más, pienso que hay verdaderas dificultades y sufrimientos psicológicos, incluso graves, derivados de la incapacidad de los adultos para comprender y vivir correctamente las implicaciones de este concepto en la vida cotidiana.

Expresaría como sigue los diversos elementos que conforman el derecho de nuestros hijos al respeto:

1) los hijos tienen derecho al respeto de sus límites personales, sea físicos o psíquicos;

2) tienen derecho al respeto, expresado en la capacidad del adulto para establecer la justa distancia relacional entre él y el hijo, una distancia que cambia con las diferentes edades de la vida;

3) tienen derecho a que el adulto sepa establecer y hacer que se respete la posición correcta de cada uno en el seno de las relaciones familiares;

4) tienen derecho al respeto que se manifiesta en asumir la responsabilidad de transmitir valores, y por tanto de educar.

Estos puntos están estrechamente interrelacionados. Cada uno contiene una variedad infinita de elementos.

En los capítulos que siguen, me propongo desarrollarlos uno por uno, manteniendo como objetivo principal no tanto el de ser exhaustiva (para esto no sería suficiente una pequeña enciclopedia psicológica…), cuanto más bien el de compartir y transmitir una forma de razonar.

VI.
Respetar el límite

El nacimiento

La criatura humana nace tras una larga gestación en el cuerpo de la madre. Esto crea entre la madre y el hijo una continuidad psicofísica particular y muy fuerte. En la última etapa de un buen embarazo es frecuente que la madre sienta que su mente, sus emociones y sentimientos, están muy cercanos a los de su bebé. Muchas madres adquieren espontáneamente la costumbre de hablar con el pequeño que llevan dentro, con la certeza, aparentemente irracional, de que les llega su comunicación.

De forma espontánea y muchas veces inconsciente, se genera una sensibilidad especial, un sentido de cercanía que se puede observar también en los sueños.

El niño que crece en el seno materno es para la madre un «yo» y un «no-yo» al mismo tiempo. Se desarrolla hacia él un sentimiento de pertenencia muy especial, que es casi la percepción de una continuidad, de vivir sin límites. Esta cercanía única va a constituir después la base indispensable para la adaptación mutua entre la madre y su hijo, que es necesaria para un desarrollo psicológico adecuado.

El momento del parto marca de modo claro y definitivo la primera separación.

El parto es un momento muy especial en la experiencia de una mujer. Exige, por lo menos, una breve reflexión.

Se trata de un momento fuerte, cruento, de naturaleza iniciática. La posibilidad de comprender su sentido para vivirlo con plena conciencia supone una enorme riqueza de la que disponen las mujeres.

Impresiona mucho ver que hoy se recurre con frecuencia cada vez mayor al parto por cesárea, por razones que no siempre son de naturaleza estrictamente médica. En efecto, muchas mujeres tienen un miedo hasta excesivo, ligado a la idea de que el dolor es insoportable.

Sin duda, el parto incluye una experiencia física de dolor. Pero el umbral de percepción del dolor siempre depende bastante del estado psíquico de la persona: el dolor unido al miedo, a la falta de comprensión de lo que está sucediendo, de encontrarse como objeto pasivo en manos de un personal sanitario desconocido, que puede hacer muy bien su trabajo pero que no acompaña en esta misteriosa experiencia... este conjunto de factores puede convertir un dolor fuerte pero soportable en una experiencia de pánico.

En tiempos no demasiado lejanos, la capacidad de soportar el dolor formaba parte de un imaginario positivo, heroico. Entre otras cosas, inspiraba el ideal de una madre capaz de realizar sacrificios por sus hijos, incluso extremos. Hoy estamos muy lejos de todo esto, y la idea del sacrificio por algo o por alguien parece inaceptable.

Personalmente, creo que el dolor nunca es bueno por sí mismo, y que no es necesario, en absoluto, soportarlo a toda costa. Pero, al mismo tiempo, pienso que nuestro umbral de tolerancia al dolor físico o psíquico se ha vuelto excesivamente bajo. Nos hace cada vez más vulnerables y también nos quita la posibilidad de comprender el sentido y el valor de algunos pasos existenciales.

El parto es uno de ellos.

El parto es una lucha para separarse. El niño empieza a encontrarse incómodo dentro del cuerpo de la madre, y la madre empieza a sentir que el peso del niño es demasiado grande para seguir llevándolo. Ambos sienten que su desapego es inevitable y necesario para la supervivencia de los dos, y que no se puede retrasar.

Pero, al mismo tiempo, el inconsciente de ambos teme este paso de la unidad simbiótica a la realidad de una diferencia: la madre tendrá que acoger y aceptar al niño real, tal y como se le va a presentar después del nacimiento. En todo caso, es distinto a cualquier fantasía indiscriminada que se haya creado durante el embarazo. A su vez, el niño tendrá que enfrentarse con el deber de vivir en el mundo, que incluye la experiencia de notar la necesidad, el hambre, la sed, el frío, la soledad.

La lucha entre retener y alejar acompaña toda la experiencia del parto. El momento de la separación se prepara con ondas de contracciones cada vez más regulares, largas y seguidas, que es importante aprender a percibir bien, contando los segundos, con la precisa conciencia del aumento y disminución del dolor. Hasta que la madre tiene la sensación precisa de una necesidad absoluta y urgente de expulsar al niño, lanzarlo fuera de sí, porque ya se trata de cuestión de vida o muerte, y es necesario que ambos se separen para no morir. Es precisamente esta percepción de urgencia bien guiada la que hace que la madre concentre todas sus energías vitales en el acto de empujar al niño fuera de su cuerpo, y permite así el nacimiento.

El encuentro con el cuerpecito vivo, caliente y resbaladizo del pequeño recién nacido es uno de los momentos más emocionantes que puede vivir una mujer, y que recordará siempre. Es uno de esos momentos especiales por los que vale la pena haber soportado el dolor.

Se trata de la experiencia de un primer encuentro. Es una pena que dure tan poco, que tantas veces se interrumpa precozmente por la prisa de lavar y vestir al niño... La madre y el hijo necesitarían que este momento durase un poquito más y que fuera respetada su absoluta sacralidad.

Los primeros meses de vida

La relación entre la madre y su niño en los primeros meses de vida se define como «simbiótica». Se trata de una fase muy especial, que se caracteriza por un estilo de interacción que se podría definir como interdependencia sociobiológica. Habitualmente se agota espontáneamente durante el sexto mes de vida, cuando los límites psíquicos del niño se diferencian de los de la madre.

Después del nacimiento y en los primeros meses de vida, el niño no puede funcionar por sí solo ni desde el punto de vista de la autonomía física, ni desde la autonomía psíquica. El recién nacido no tiene conciencia de sí ni puede tener conciencia del mundo que le rodea del modo en que solemos pensar.

Para funcionar y organizarse, su mente necesita de un compañero que le asista, y que generalmente es su madre. La mente de la madre contiene la de su hijo y le ayuda a configurarse poco a poco: le presta pensamientos y palabras cuando todavía no es capaz de formularlas, interpreta sus necesidades con acierto y le enseña a distinguir unas cosas de otras.

De este modo, el niño aprende a separar en su interior las diferentes percepciones: el hambre, la sed, el sueño, el malestar físico; pero también el deseo de compañía y de contacto. Aprende a su vez a manifestarlos, de modo cada vez más claro.

La característica más importante y necesaria en esta fase de la relación entre madre e hijo es la capacidad de adaptación continua y recíproca, basada en un intercambio de signos que se envían y reciben, de forma imperceptible y constante, en las dos direcciones. Al principio, el niño envía signos poco diferenciados; la madre, gracias a la sensibilidad especial que ha adquirido durante el embarazo, interpreta las señales de necesidad que envía el niño y responde.

La repetición regular de esta experiencia fundamenta la seguridad básica de que es posible ser comprendido y acogido en las necesidades fundamentales. De este modo, el niño construye en su interior la confianza en la existencia de un ambiente fundamentalmente bueno.

La experiencia de una simbiosis satisfactoria es la premisa fundamental para hacerse capaz de separarse y para adquirir la conciencia no angustiosa de estar solo.

Para que todo esto suceda, es necesario que, desde los primeros momentos de vida, la madre cultive dentro de sí la conciencia de una posición no muy fácil: el niño necesita que establezca con él una buena relación simbiótica, pero también que sea capaz de percibirle desde el primer momento como «otro distinto», alguien con quien es necesario establecer un límite. La gran cercanía no constituye identidad, y el niño necesita que los adultos sean capaces de reconocerle desde los primeros momentos como un «no-yo», «otro distinto de mí», por muy intenso que sea el vínculo.

Este reconocimiento de la alteridad del hijo incluye también la imposibilidad de una posesión recíproca: él es él, yo soy yo. Esta conciencia es importante también para la madre, que a veces puede percibir al niño como una criatura omnipotente y voraz, capaz de convertirse en una especie de parásito y quitarle todo el espacio existencial.

Aunque se habla poco de ello, mi experiencia es que toda mujer, aunque desee a los hijos, también tiene miedo a la invasión. Este miedo a veces está agigantado por expectativas más o menos conscientes, expresadas, por ejemplo, en el temor a que el niño necesite de la madre en todo momento, y de que para la mujer va a ser imposible volver a ser ella misma, y disponer de sus espacios vitales. También está el temor de que, para ser una buena madre, hará falta ser capaz de satisfacer todas sus necesidades.

Naturalmente, las dos cosas son falsas. El niño, por el contrario, también necesita momentos completamente suyos, de respeto de su descanso, en los que unos adultos demasiado presentes no le estimulan ni le aportan.

Establecer los límites

La relación entre la madre y su niño es, por tanto, muy intensa, más aún durante los primeros meses de vida del recién nacido. En este periodo, el pequeño absorbe casi por completo las energías emotivas de la madre.

Pero para que esta implicación pueda mantenerse en un estilo equilibrado, es necesario que entre en juego también el otro protagonista fundamental: el padre.

Aunque intensa, su cercanía inicial con el niño es diferente de la propia de la madre, porque es inevitable que no incluya todo el aspecto físico del embarazo. En este periodo misterioso e intenso, el niño percibe o, quizá más aún, «absorbe» el olor de su madre, el timbre de su voz, el estilo de su movimiento.

Por eso, el padre entra en la relación como «tercero». Precisamente, en cuanto tal, tiene un papel fundamental y necesario.

El padre tiene varias tareas, todas ellas esenciales para el equilibrio de las relaciones.

Su primer papel en esta fase de la vida familiar consiste en vigilar y proteger la relación simbiótica y estructurante entre madre e hijo, para que pueda desarrollarse con serenidad. Por ejemplo, el padre puede organizar las cosas para aliviar a la madre de otras cargas menos importantes, relacionadas con el cuidado del recién nacido, procurando que no tenga que ocuparse demasiado de la casa y de los otros hijos. Junto a esto, también tiene el deber de hacer que ella sienta que la maternidad no frena su posición de mujer junto al hombre que la ama: esto supone que el marido no debe tener miedo de reclamar a la mujer para sí, reivindicando la prioridad de la relación conyugal.

No se trata, por supuesto, de entrar en competición con el recién nacido, disputándole los tiempos y atenciones de la madre, casi como otro niño necesitado. Al contrario, se trata más bien de hacer que su mujer se sienta importante, de ser capaz de valorar y apreciar su cualidad femenina, haciendo que sienta que el embarazo, el parto, el haberse convertido en madre, no han disminuido o alterado su belleza y atractivo.

Esta toma de posición del padre es fundamental para apoyar a la madre en la capacidad de separarse emotivamente de su hijo, tal y como requieren el proceso de crecimiento del hijo, y también el proceso de crecimiento del núcleo familiar y de la relación de pareja.

A medida que crece el pequeño, aparecen una serie de cosas distintas, pequeñas y concretas, que se desarrollan desde el respeto a su límite corporal particular.

Como en todas las cosas de la vida, es necesario encontrar ritmos que alternen de forma equilibrada el cuidado y el descanso.

Ciertamente, es muy humano tomar en brazos al propio hijo, por el solo placer de tocarlo, sentir su olor, juguetear con él. Pero de vez en cuando hay que ser capaz de dejarlo en paz, resistiendo al impulso de achucharlo, y mantenerse en contacto con él por medio de las palabras, la mirada, la sonrisa o el canto.

Es importante que se acostumbre a dormir en su cama. También es una forma de enseñarle a respetar nuestros límites. Es igualmente importante aprender a respetar su espacio de juego autónomo, sus momentos de soledad, su sueño, su intimidad.

La pregunta fundamental, que nos guía para tomar las decisiones mejores para nuestro hijo, es siempre la misma: «¿Qué es bueno para él?».

Es una pregunta crucial, distinta de otra que, no obstante, se le parece: «¿Qué le va a gustar más?». Dar gusto a nuestros hijos es algo muy hermoso y deseable, para ellos y para nosotros. Pero el modo de darles gusto debe ir encaminado a su bien.

Por este motivo, teniendo muy en cuenta esta exigencia, podemos entrenarnos en este tipo de aproximación desde sus primeros momentos de vida, cuando nos preguntamos si tomarlo o no en brazos, dejarle dormir en nuestra habitación, o despertarle para que le vean unos amigos que han venido de visita... Esta atención centrada en su bien ya es una capacidad de respetar su límite.

Por otra parte, esto nos va a permitir calibrar bien la distancia necesaria en el plano físico, y modificarla con el tiempo. Por ejemplo, bañarlo en la bañera con su madre es muy bonito durante el primer año de vida, pero después la madre siente que su varoncito necesita una distancia de seguridad para no erotizar el contacto. Lo mismo le pasa al padre con su niña.

Del mismo modo, podría admitirse que el padre se duche con el hijo varón o que se divierta con él jugando a la lucha; o, de igual modo, la intimidad física en el baño entre madre e hija. Pero la situación inversa no es buena, y no por una especie de moralismo puritano, sino por lo que hemos aprendido de los relatos de muchos pacientes que no han gozado de esta protección natural de su intimidad. La mayoría de ellos describe el profundo malestar que les suscitaba la proximidad no deseada de la desnudez de sus padres, vivida como una invasión peligrosa del propio límite. Muchos de ellos cuentan que han llegado a tener que fijar el límite que necesitaban de otra forma, menos fisiológica: por ejemplo, construyendo barreras mentales rígidas para hacerse de alguna forma inaccesibles y proteger así su intimidad, invadida de forma inapropiada.

Forma parte del respeto a los límites permitir que el hijo poco a poco tenga sus secretillos, sin considerarlos una falta de amor, como pasa a veces a las madres. Estar abiertos a la confidencia no implica pretenderla. Los hijos nos están enormemente agradecidos de que les permitamos decidir a ellos qué cosas decirnos, y cuándo.

Una cosa más: si yo soy yo, y él es él, esto quiere decir entre otras cosas que un hijo no es responsable de mí. No puedo utilizarlo, de ninguna manera, para mi bienestar, ni hacer que pese sobre él el sufrimiento y la responsabilidad de mis posibles insatisfacciones.

Se trata en este caso del tema difícil y complicado del chantaje afectivo, mucho más frecuente de lo que pensamos, y no siempre tan burdo como para permitir que seamos plenamente conscientes.

La presencia del chantaje afectivo, generalmente inconsciente, incluso en sus formas más graves, es una constante en la historia de personas con dificultades psicológicas. Hablar de ello a fondo y de forma exhaustiva nos llevaría lejos. Me limito a subrayar que ningún hijo tendría que verse en la situación de elegir entre su propio crecimiento y autonomía personal y el bienestar de sus padres.

Creo que hoy es más importante que nunca decir que no se trae al mundo a un hijo para que nos quiera, ni para que nos acompañe. Un hijo es la expansión de la vida hacia delante. La alegría más profunda que nos puede regalar es el reconocimiento por haber permitido que tenga una vida plena, una vita realmente suya, aunque no corresponda en todo a lo que habíamos imaginado.

Otro buen límite se establece al alcanzar poco a poco la plenitud de la propia identidad, diferente de otras posibles identidades.

A medida que se consolida el proceso de identificación, ser yo mismo significa tener características cada vez más definidas. Con ello, paradójicamente, se asumen de forma cada vez más clara los propios límites: nadie puede ser simultáneamente una cosa y su contrario.

Ninguno de nosotros es todo: la omnipotencia, característica típica del niño, no favorece la buena identificación. Esta se nutre, en cambio, de la plena asunción de sí mismo desde el punto de vista físico, psíquico, cognitivo, de valores, junto a la plena asunción de la propia historia personal y relacional.

En este reconocimiento y aceptación serena del límite, mamá y papá pueden ser una buena guía si son capaces, ante todo, de no pretender que el hijo sea un producto perfecto, sino de aceptar serenamente que, junto a los valores, tenga también sus defectos. Los padres procurarán corregirlos, sin hacer de ellos un drama.

El límite del cuerpo: la intimidad

La intimidad forma parte, sin duda, del ámbito del límite: nuestro primer límite, de hecho, está constituido por el cuerpo: un cuerpo que nos pertenece y que somos.

La relación con el cuerpo es compleja desde el punto de vista psicológico, y nos acompaña con sus vicisitudes durante toda la vida. Nos obliga a hacer continuos ajustes y adaptaciones para poder seguir pronunciando la palabra «yo», en una constante metamorfosis desde el nacimiento hasta la muerte.

En nuestra civilización occidental, y desde la primera infancia, el cuerpo está revestido de atenciones que antes eran desconocidas: es un cuerpo mimado, al que se prestan cuidados para mantenerlo sano, también para hacerlo continuamente más bello, más cuidado y agradable, con más "prestancia" (literalmente, capaz de prestaciones satisfactorias, como se pide no a lo que somos, sino a un objeto que nos pertenece y que debe darnos un buen servicio).

Aunque pueda parecer lo contrario, a mi modo de ver la nuestra es una época de gran hostilidad hacia el cuerpo. El hombre y la mujer de hoy sienten una profunda insatisfacción con el cuerpo real, y con el sexo real: el cuerpo y la sexualidad se fija en una dimensión principalmente virtual. El cuerpo real, en efecto, es un cuerpo precioso y único, pero muy imperfecto y frágil, sujeto como está a la fluidez del tiempo y a la amenaza de la muerte. Es un cuerpo que suda, envejece, enferma, muere. Tenemos miedo de este cuerpo, luchamos sin descanso contra su imperfección en un intento de ocultar sus fallas, que nos provocan una vergüenza profunda e irracional.

Lo mismo se puede decir del sexo: el hombre y la mujer de hoy no aman el sexo por lo que es. Más bien, sueñan y desean lo que imaginan que debería ser: una relación perfecta entre cuerpos perfectos. Cualquier distancia de esta imagen virtual provoca frustración y sentido de inadecuación.

Las consultas de los psicólogos están repletas de personas que se encuentran en un doloroso conflicto con su cuerpo, incapaces de aceptar sus características y avergonzados de sí mismos. Se sienten privados de la libertad esencial para ser lo que cada uno es y vivirlo en plenitud.

El hombre y la mujer ya no se conocen. Han dejado de conocerse a sí mismos y de conocer al otro, a quien es distinto del propio yo. Para conocerse y aceptarse plenamente, cada uno necesitaría de la mirada amorosa del otro, a quien revelar poco a poco su intimidad frágil, confiando encontrar un respeto profundo y recíproco.

¿Pero cómo hacer, si el cuerpo de uno y de otro ya no son su «persona», sino un objeto de prestación recíprocamente satisfactoria?

¿Cómo hacer cuando nos hemos hecho casi completamente intercambiables?

Estamos en la que Z. Bauman define como «sociedad líquida», para describir un modo de vivir caracterizado por unos vínculos frágiles y mudables, una vida vivida en condiciones de precariedad e incertidumbre estructurales. En este tipo de sociedad, la mayor preocupación es quedarse atrás, no estar al paso de la novedad. El miedo más profundo es desaparecer, y el mayor deseo es «ser vistos», que coincide con la sensación de tener valor y estar realmente vivos. Aparecer es lo que da consistencia al existir, y no viceversa... No tener visibilidad equivale a no existir.

La orden es «cambiar» para no quedar atrás: cambiar de coche, de móvil, de ropa, de pareja... Preservar, cuidar, reparar, ser fieles a algo y a alguien ya no son motivo de satisfacción y orgullo, sino más bien un signo de debilidad y una falta de imaginación.

Cambiar continuamente nos convierte principalmente en consumidores. Y en esta vida de consumo, en la que cada cosa se vuelve vieja a toda velocidad, también las personas se convierten en objetos de consumo.

La sociedad líquida moderna pone totalmente el acento sobre el individuo. Las exigencias y los deseos individuales se convierten en «derechos» subjetivos, que prevalecen de manera indiscutida sobre cualquier valor definible como «objetivo».

El yo se sitúa en el centro de todo, y la palabra clave, tan mágica como vaga, es «auto-realización». La idea-guía es: ser único, especial, diferente, ser uno mismo... ¿Pero cómo?

En el interior de este clima cultural, cada uno se otorga a sí mismo valor absoluto y autorreferencial, reivindica el derecho indiscutido al propio placer, y cada uno es punto de partida y de llegada de cada cosa. En realidad, la consecuencia inevitable es que cada uno de nosotros es esencial a sí mismo, pero totalmente innecesario para el otro. Así, cada uno de nosotros queda a expensas de la soledad más absoluta. Cada uno se vuelve importante para el otro solo en la medida de la utilidad (afectiva, sexual, etc.) que le proporciona, y solo hasta que se agote esa utilidad: «Mientras estemos bien juntos», se dice.

¿Cómo es posible, entonces, la confianza? ¿Para qué entregarse, inerme, a otro que de un momento a otro podría desaparecer en busca de algo mejor, menos frágil que yo, o más satisfactorio?

En este contexto cultural actual, se produce una de las mayores falsedades, de la que todos, más o menos, somos víctimas: la que nos induce a confundir el concepto de intimidad con el de cercanía sexual, y que empieza por el uso de un lenguaje que define las relaciones sexuales como «relaciones íntimas». En realidad, cada uno sabe muy bien que tener sexo y tener una relación de intimidad no son cosas necesariamente interconectadas, y que es posible tener muchas relaciones sexuales con personas con las que no se tiene ninguna intimidad. Hacer el amor y tener sexo no son necesariamente lo mismo...

La intimidad, que nos hace sentir verdaderamente bien, tiene que ver con la posibilidad rara y preciosa de mostrarse al otro tal y como uno es, sin necesidad de defenderse.

Es la experiencia insustituible de mostrarse realmente desnudos, indefensos, inermes, sin temor al ridículo, porque nos acoge una mirada buena.

Es algo que solo se puede construir con el tiempo. El medio es el establecimiento de una relación de confianza, porque necesita de una certeza razonable de que el otro al que me muestro o a quien me confío sabrá comprender el valor de mi don, y custodiarlo.

Para poder gustar de nuevo el placer de la intimidad, es necesario educar a los niños en la idea de la unidad profunda entre el cuerpo, la mente y el espíritu. Cada uno de nosotros es su cuerpo, que no le pertenece como un objeto, sino que, en cierto sentido, representa la parte más «externa» de nuestra identidad. Por medio de ella, los demás empiezan a conocernos.

Quizá todo sería más sencillo si recordásemos que no podemos regalar nuestro cuerpo a alguien a quien no regalaríamos nuestros pensamientos, nuestras emociones, nuestros secretos... Sería más hermoso dar a conocer nuestro cuerpo a otro con la misma progresión con la que le damos a conocer nuestros pensamientos y nos fiamos de él.

En la vivencia originaria, inicialmente, el cuerpo del niño parece pertenecer a la madre: ella cuida de él, interpreta y satisface sus necesidades, hace que se sienta amado con sus caricias. Pero, en realidad, ese pequeño cuerpo no pertenece a nadie más que al propio niño. Solo está confiado al adulto para que lo cuide amorosamente y le enseñe poco a poco a cuidarse solo.

Esta «alteridad» e inviolabilidad del cuerpo del niño nunca se debe olvidar. Por poner un ejemplo: nuestros niños son hermosos y es bonito vestirlos bien. Pero eso es distinto de exhibirlos como pequeñas muñecas o actores de cine. O peor: nuestros niños necesitan nuestras caricias y abrazos, pero en la medida en que ellos los desean, no para satisfacer nuestra necesidad de contacto.

Los niños son personas, pequeñas y completas en su dignidad, aunque todavía estén en camino hacia la definición de sí mismos. Cuando la atención no se dirige a la persona, sino al cuerpo y al vestido, no tendremos que sorprendernos de que, cuando lleguen a las puertas de la adolescencia, busquen su identidad solamente en eso.

La adolescencia, con los cambios físicos que supone, marca la entrega definitiva del cuerpo al sujeto que lo habita, e impone una evidencia: yo soy este cuerpo. Ya no es el cuerpo infantil de las posibilidades, sino el cuerpo adulto de la facticidad, precisamente este cuerpo y solo este, no otro más perfecto, como podría imaginar el deseo infantil.

El cuerpo muy querido del niño se convierte en el cuerpo imperfecto del adolescente. En el plano simbólico, es la entrada en los temas del límite y de la muerte, con lo que supone de inquietante y difícil de elaborar.

Negar la fragilidad y limitación del cuerpo es una de las actitudes típicas de la adolescencia, para defenderse de los elementos depresivos que lleva consigo. De hecho, negar la muerte y desafiar sus límites permite tenerle menos miedo.

En el varón, esto se concreta principalmente en comportamientos que ponen en riesgo su salud o su incolumidad (abuso de alcohol, drogas, deportes extremos, etc.). En cambio, en las chicas, el desafío se puede expresar también en la exhibición del cuerpo, sin querer ver el riesgo de padecer molestias o agresiones sexuales.

Las chiquillas que van por la calle exhibiendo un cuerpo joven, atractivo y sensual, con faldas cada vez más cortas, barrigas cada vez más a la vista, maquillaje cada vez más llamativo, en absoluto están buscando aventuras eróticas ni necesariamente pretenden provocar. La mayoría de ellas solo está tratando de afirmar que el peligro no les afecta, que a ellas no les va a pasar nada malo; que son, en cierto sentido, invulnerables. Sobre todo, que quieren desesperadamente creer que lo son. Buscan afirmar que no tienen miedo de su sexualidad naciente, que la vulnerabilidad expresada por el cuerpo femenino desde el momento del desarrollo sexual no tiene nada que ver con ellas, y que son totalmente dueñas de sí mismas.

Por eso, su actitud generalmente es defensiva, y no hay nada de malo en ello. Pero, por desgracia, como cualquier forma de defensa basada solo en la negación, al final no defiende realmente, porque el cuerpo transmite sus propios mensajes, incluso independientemente de nuestra voluntad. Y hoy es demasiado fácil confundirse...

Estas mujeres jóvenes solo quieren ser apreciadas y valoradas. Nosotros les hemos enseñado que, para obtenerlo, tienen que pasar por la exhibición de unos cuerpos totalmente perfectos...

Necesitan recibir también otros mensajes.

Si hacemos el ejercicio de repasar mentalmente quiénes son las personas que realmente nos han fascinado en la vida, estoy segura de que ninguno piensa necesariamente en las personas físicamente más perfectas. En realidad, la fascinación que despierta una persona es proporcional a la fuerza de su personalidad, más que a la presencia de elementos físicos especiales. Si continuamos esta reflexión, descubriremos que la verdadera personalidad consiste en saber asumir hasta el fondo las propias características, en lugar de huir de ellas, en aprender a valorar lo que somos verdaderamente, y que nos hace únicos. Muchas, demasiadas, chicas dedican su tiempo a tratar de esconder algo que tienen, en lugar de usarlo para descubrir lo que son y lo que pueden llegar a ser.

VII.
La distancia justa

Hacerse adultos para educar

El tema de la distancia justa en las relaciones es complejo y apasionante. Afecta a todas las relaciones entre personas.

Por lo que se refiere a la relación con los hijos, posiblemente la forma más sencilla de expresarlo es la siguiente: la distancia justa significa darnos cuenta de que nosotros somos los adultos, y ellos son, siempre y en todo caso, hijos: ahora recién nacidos, ahora niños, ahora adolescentes o jóvenes adultos. Pero en todo caso son hijos, en una relación que solo se volverá simétrica poco a poco, con su llegada a la edad adulta.

Solo en presencia de un adulto, un niño es verdaderamente niño y un adolescente puede ser verdaderamente adolescente.

Esta afirmación puede parecer obvia, pero no lo es. Requiere, en primer lugar, que entendamos bien qué quiere decir ser adulto. Para ello, vamos a revisar de forma sencilla, tal vez un poco esquemática, este concepto. Qué significa ser adulto, pero también qué significa ser niño, y después adolescente, etc. Y qué implicaciones tiene esto en las relaciones entre padres e hijos.

El adulto es fundamentalmente una persona que acepta definirse. Esta palabra incluye la idea de aceptar la propia finitud, el propio límite.

Adulto es una persona que «ya es», mientras que el niño y el adolescente «todavía no son». Están aprendiendo, tienen derecho a aprender, poco a poco, a hacerse adultos, a definir sus características, sus tareas, sus límites. Hoy no siempre resulta fácil decidirse por el estatus de adulto, porque supone optar por una idea de estabilidad que contrasta profundamente con el deseo de vivir en un mundo de posibilidades inagotables: contrasta con la sensación difundida de que todo lo que nos define, en última instancia, también nos limita. Por este motivo, muchas personas de edad legal ya más que adulta prefieren permanecer cuanto sea posible en un estado de provisionalidad emotiva y afectiva. Retrasan las decisiones definitivas, para vivir un tiempo que desean permanentemente abierto a la prueba y a nuevas posibilidades que se presenten. Subyace la idea de que siempre puede haber una mejor oportunidad en otro lugar, en otro encuentro, en otra decisión. El mayor miedo es la posibilidad de perder este «mejor» posible...

En todo esto se deja de tener en cuenta que, como hemos afirmado ya, la plena identidad de cada uno, y con ella la posibilidad de estar bien, de sentirse realizado y satisfecho con uno mismo empieza precisamente cuando se corre el riesgo de definirse, comprometiéndose con la realidad y gastándose concretamente en el mundo de las cosas y de las relaciones.

Para vivir en plenitud, hay que aceptar la entrada en el tiempo, aunque suponga empezar a hacer cuentas con la limitación, la provisionalidad y, más profundamente, con el tema fundamental de la muerte.

El nacimiento de un hijo siempre es un momento óptimo para dar un paso adelante en la dirección de ser conscientemente adulto. Con su sola existencia, el hijo nos define como sus padres y nos pide que tomemos una posición sobre las cosas de la vida, también para poder enseñárselas a él.

Esto sucede siempre, aunque no lo sepamos o no lo queramos claramente: lo que no tenemos claro sobre nosotros mismos, se vuelve claro por medio de los ojos de los hijos, porque observan, imitan, y muchas veces, con sus comportamientos, modelados sobre los nuestros, nos remiten a nuestras dotes y a nuestros defectos.

Aprovechar esta ocasión es uno de los dones más valiosos de la vida.

Aceptar que nos hemos vuelto adultos, y aceptar una idea de estabilidad, es muy importante para poder educar.

La buena relación educativa se estructura cuando el educador puede permitir que el hijo se mueva en un área transaccional, en el espacio creativo del «como si» y del «todavía no»: es decir, puede quedarse «quieto» para permitir al otro ese indispensable ir y venir que exige el crecimiento.

Esta habilidad adulta se parece a esa capacidad que los franceses llaman *rêverie*. Es una capacidad positiva de soñar, una buena imaginación sobre el otro. Gracias a esta capacidad, se puede tolerar la falta de plenitud, la insuficiencia del hoy, porque se adivina la posible plenitud en el mañana y se sueña con ella.

Gracias a esta «posición mental», se podrá interpretar un capricho siempre y solo como un capricho, y no como demostración de un futuro carácter de nuestro hijo. Del mismo modo, una crisis de adolescencia se puede soportar y superar en la espera confiada de lo mejor.

El adulto educa bien si «ve» en la semilla el fruto bueno que llegará, y no tiene prisa.

Las virtudes fundamentales del educador son la esperanza y la paciencia: ningún niño tiene que ser perfecto hoy, porque su posición justa está en *llegar a ser*.

En el fondo, se trata de saber mantener un juego correcto entre las partes: el adulto asume la responsabilidad de indicar un camino, pide el esfuerzo de emprenderlo y recorrerlo, espera que el hijo intente y vuelva a intentar, le corrige si se equivoca, porque también esto es un signo esencial de respeto y de amor.

Al mismo tiempo, recordando también la propia infancia y adolescencia, sabe que habrá errores, accidentes en el recorrido, desobediencias e insubordinaciones: el hijo tendrá que buscar, probar una y otra vez, comenzar una y mil veces; el adulto no olvida que ha sido hijo, y no se escandaliza cuando el hijo no entiende ni comparte. Es justo que sea así: el adulto indica el camino y usa la firmeza necesaria para hacer que se le obedezca, pero sabe que las reglas del juego también incluyen la desobediencia o la contestación. Es capaz de tolerar, sin sufrir demasiado, que el hijo le considere a veces injusto, «malo», y le acuse de no entenderle.

El padre no se descompondrá porque el niño le tuerza el gesto por una negativa, o si el adolescente le da un portazo o se encierra en su cuarto. Si cada uno pone de su parte y el clima de fondo es de afecto y respeto, todas las incomprensiones, pequeñas o grandes, están destinadas a tener vida breve.

Realmente, ¡supone una gran libertad interior poder mandar interiormente alguna vez a la porra (sin faltarles al respeto) a un padre o una madre, sin que esto rompa o deteriore el vínculo de afecto recíproco! También supone una gran libertad interior poder reconocer que nuestros hijos no son perfectos, y que esto no significa necesariamente que seamos malos padres o que hayamos fracasado en nuestra tarea.

¿Qué es la *distancia justa*?

Al hablar de «distancia justa» en una relación, me refiero a esa capacidad concreta que nos permite estar suficientemente cercanos para tener relaciones de intimidad, pero sin perder nunca el sentido preciso y sano de nuestro límite e identidad.

La «distancia justa» entre personas que se quieren nunca es fácil de definir. Encontrar y mantener la distancia justa implica estar bien centrados sobre el propio yo y respetar el yo del otro, sin deslizarse hacia la invasión, pero sin que el otro se sienta tampoco abandonado o incomprendido.

Es una habilidad que se adquiere poco a poco, porque requiere seguridad en uno mismo, empatía y flexibilidad. Es la misteriosa habilidad que nos permite estar recíprocamente muy cercanos, pero sin perder el sentido de nuestro propio límite y de la propia identidad.

El tema de la justa distancia y de la dificultad para reconocerla y mantenerla es uno de los más estudiados. Un fallo en esta área provoca muchísimas disfunciones y sufrimientos en la relación de pareja, que es donde la cercanía entre adultos puede alcanzar el mayor grado de intimidad.

A veces el fracaso se manifiesta en la incapacidad para mantener el límite. En estos casos, el otro es considerado parte de uno mismo y no como persona separada y dotada de su propia personalidad y sus exigencias inalienables. Fácilmente, esto puede desembocar en falta de respeto hacia él o ella, en pretender una comprensión total, una intolerancia respecto a lo que le hace ser él mismo, distinto de uno.

Por el contrario, otras veces no se tolera una aproximación del otro, y surge una incapacidad para desarrollar relaciones de confianza y confidencia: en estos casos, el deseo de abrir el corazón al otro se encuentra con la incapacidad para soportar un verdadero acercamiento, porque la persona exige una «distancia de seguridad» por el miedo a ser dañada de manera irreparable.

Mantener la justa distancia en las relaciones es una habilidad afectiva que remite a otra competencia fundamental: la capacidad de estar solo.

Esta capacidad es uno de los signos más importantes de madurez en el desarrollo afectivo, porque indica una buena integración de la personalidad.

El tema ha sido sacado a la luz por primera por el psicoanalista D. W. Winnicott. Remite el desarrollo de esta competencia afectiva a la posibilidad de hacer una experiencia fundamental: la de «estar solo, como infante y como niño pequeño, en presencia de la madre. De este modo, la capacidad de estar solo tiene un fundamento paradójico, que es la experiencia de estar solo en presencia de otra persona». Winnicott añade otra afirmación: «La madurez y la capacidad de estar solo presupone que el individuo haya tenido la posibilidad, gracias a unos cuidados maternos bastante buenos, de construir la confianza en la existencia de un ambiente benigno. Esta confianza se forma por medio de una repetición de gratificaciones... satisfactorias». La repetición regular, previsible, esperable de una buena asistencia permite que el niño desarrolle estas competencias básicas. No se trata de cuidados especiales, sino de los normales que una madre «suficientemente buena» provee de forma espontánea a su hijo durante todo el período que dura la relación simbiótica.

En esta fase, como se ha dicho, la madre adquiere una capacidad especial de identificarse con su hijo. Gracias a ello, está en condiciones de interpretar sus necesidades, según una comprensión que puede parecer al niño casi mágica.

Repito, es una actitud que se manifiesta espontáneamente, y que pasa casi desapercibida en el curso de un desarrollo normal.

La experiencia reiterada de una buena comprensión fundamenta la confianza básica en la posibilidad de una buena relación.

Pero es indispensable otro paso, que se produce cuando, progresivamente, el niño empieza a percibirse como separado de la madre. Entonces necesita un intercambio menos «mágico», y más basado en el intercambio de señales.

En este periodo, que va aproximadamente desde los cuatro/seis meses hasta el año, es muy importante que el niño, ya más competente pero todavía inmaduro, no se sienta «aplastado» repentinamente por la madre. De hecho, como en todas las fases importantes del crecimiento, es importante el carácter gradual de la experiencia, y la posibilidad de experimentar progresos y regresos, hasta que la habilidad se consolida.

La salida de la órbita simbiótica debe producirse de forma gradual y progresiva, porque solo así va a ser posible aprender a regular las distancias afectivas de modo flexible, sin temor al abandono.

Una madre «suficientemente buena» logra calibrar la distancia progresiva del propio hijo, sin pasar de una presencia constante a una ausencia demasiado prolongada. Acostumbra al niño a separarse poco a poco de ella.

Por eso, saber encontrar la justa distancia significa permitir que el hijo se separe de nosotros y ayudarle en esta separación, para que pueda alcanzar su autonomía.

Pero hay que estar atentos a una cosa: esto no significa, como a veces se entiende, empujarlo a una autonomía demasiado precoz.

Cada niño tiene sus tiempos. También entre los niños que han gozado de un apego inicial seguro, las etapas necesarias para poder alejarse sin problemas pueden ser distintas.

No hemos de pensar que la precocidad del desapego garantiza la seguridad interior: no será necesariamente más libre en lo profundo de sí, un niño al que hayamos obligado a ir solo de vacaciones demasiado pronto, con la idea de empujarlo hacia la autonomía. Permitir que se separe, estimular el desapego, no significa lanzar al mar a niños y niñas que todavía no se sienten preparados para nadar.

Lo mejor es la gradualidad. Si un niño se muestra demasiado angustiado por el desapego, sin duda es mejor esperar, empezando por separaciones más pequeñas, con una progresión confiada.

Algunas veces, nos crean dificultades las comparaciones con los hijos de los demás: niños que a lo mejor ya en edad infantil van a un campamento, y parece que van contentos, mientras que el nuestro se desespera cuando tiene que pasar una semana con la abuela...

Con todo, si sabemos esperar y le damos sus tiempos, cada niño tiene el impulso a la autonomía y el deseo de aventura. Estos, al final, van a prevalecer: solo unos años después, tendremos unos adolescentes a los que costará tener en casa.

Lo más importante es comprender que estamos ante un proceso de maduración interior. La autonomía afectiva no depende del número de kilómetros de distancia que puede soportar un niño: para que nos entendamos, el estilo anglosajón no hace necesariamente que los niños sean más autónomos.

La separación, el desapego, se producen de forma natural cuando el niño siente que no tiene que demostrar nada a nadie, porque es querido en todo caso, tal y como es, y estamos dispuestos a esperar su momento, que sin duda llegará: no buscamos su crecimiento como un éxito personal o una especie de demostración de nuestra habilidad como padres. Simplemente, le apoyamos y le ponemos en condiciones de intentarlo. Lo hacemos por él, no por nosotros.

En la historia de muchos adultos que acuden a terapia se descubre a un niño que lucha de modo exasperante para estar a la altura de las expectativas de sus padres, y con la soledad de no ver nunca acogida su debilidad. Se encuentra la experiencia frustrante de tener que esconder las propias dificultades, con la pena de tener la sensación inaceptable de poder perder la estima de los padres, tan necesaria para mantener la autoestima.

Es este un punto de gran importancia: si los éxitos de los hijos son nuestros éxitos, y sus fracasos son nuestros fracasos, no seremos capaces de apoyarles y animarles en los procesos de aprendizaje de las habilidades. La vergüenza se convertirá para ellos en una compañía desagradable, de la que les será difícil liberarse. Hemos de aprender a tolerar (es decir, a conservar, con confianza en ellos, a lo largo del tiempo) los extremos normales del crecimiento y las imperfecciones normales de su ser.

Naturalmente, es legítimo tener expectativas. Pero no lo es mostrar desilusión porque un hijo no se ajuste a nuestros sueños.

Desde este punto de vista, parece que quienes tienen el papel más difícil son los hijos de psiquiatras, psicólogos y educadores.

Muchas veces parecen destinados a demostrar más que los demás las habilidades educativas de sus padres...

«Mi madre nunca ha podido soportar que yo estuviera triste», me confiaba una adolescente anoréxica, hija de una buena psicóloga. Y no ha sido la única que me ha dicho algo de este tipo.

La posibilidad de estar «normalmente tristes» o ser «normalmente problemáticos», quizá durante un tiempo, sin hacer que nadie sufra o se decepcione, es un punto crucial del desarrollo, sobre todo en la adolescencia.

La distancia justa con el niño: la edad del no

En las diferentes edades, el tema de la distancia justa se plantea de forma diferente, pero siempre está relacionado con la construcción de la identidad. Como M. Mahler ha señalado con acierto, separación e individuación son los dos polos de un mismo proceso. Para crecer y llegar a ser uno mismo es necesario separarse (crear un sano límite personal, tomar distancia de los primeros objetos de amor), afrontando el luto de la separación. El premio es la individuación progresiva, con el placer que deriva de ella: precisamente, el placer de llegar a ser uno mismo, desarrollando el sentido de cohesión interna, competencias y capacidades para actuar en el mundo.

Un momento muy significativo y de posibles dificultades educativas se produce alrededor de los tres años, cuando el niño entra en la edad de la primera oposición. Sus palabras clave son: *yo, mío, no, por qué*. Esta primera oposición suya ante nosotros, esta afirmación de sí y esta toma de posición, hasta testaruda, nacen con un fin positivo, que es intentar afirmar, por vez primera, un núcleo de identidad inicial.

Por eso, el momento es decisivo: nuestro objetivo es mantener la posición adulta y de autoridad con nuestro pequeño. Pero, al mismo tiempo, es necesario permitirle que experimente este primer núcleo significativo de sí mismo, sin hacer que le pese.

Con un pequeño de tres años, y para mantener su autoridad, muchas veces el adulto tiene que recurrir a la astucia, más que a la firmeza. En efecto, su fin nunca es triunfar, sino conducir el juego hasta que el hijo sea capaz de hacerlo solo.

Ciertamente, es importante hacer que obedezca, pero esto nunca puede ser un fin en sí mismo. Hacer que el niño comprenda «quién manda» (que, en el mejor sentido de la palabra, quiere decir establecer claramente los roles, y que tiene una función protectora fundamental) no requiere necesariamente doblegarlo por la fuerza a nuestra voluntad.

La sensación de verse doblegado, sometido o dominado por otro solo porque es el más fuerte no tiene nada que ver con el establecimiento de la autoridad buena y estructurante del adulto. Por el contrario, puede ser fuente de problemas, a veces importantes, para el equilibrio psicológico.

Personalmente, considero que con los hijos vale la pena combatir esas batallas que uno puede estar razonablemente seguro de vencer. Y creo que es muy importante adaptar inteligentemente la estrategia según las edades y las situaciones.

Las posibles batallas a los tres años son muchas. Pero, en general pocas de ellas tienen un interés fundamental. Mantener firmemente las riendas educativas puede significar, sin duda, tirar de ellas a veces, firmemente, para controlar a un caballito algo desbocado. Pero otras muchas veces se concreta en saber aflojarlas para no exasperarlo, o simplemente porque no es un buen momento para una batalla campal.

Por poner un ejemplo: creo que no es útil insistir en que el niño, a toda costa, se ponga la camiseta que yo he dicho, en lugar de otra que él prefiere... Con astucia e inteligencia se le puede dejar elegir sin que parezca una derrota o una capitulación del adulto. Si no hay batalla, tampoco hay victoria ni derrota. Si acaso, hay algún trato, pero esto no supone un daño, y ningún niño siente que el adulto sea frágil solo porque le concede algo que le ha pedido: la concesión es un acto de quien manda, exactamente igual que la no concesión.

Es bueno reservar energías para esos momentos en que advertimos la urgencia de un desafío. Son momentos cruciales, en los que decir sí o no se hace importante, porque percibimos muy bien que nuestro pequeño está midiendo nuestra autoridad sobre él.

Muchas veces, estas situaciones se presentan dentro del triángulo relacional mamá-papá-niño, más que en la relación dual entre el niño y uno de los padres. La presencia de un tercero siempre complica el problema: ¿cuenta de verdad lo que dice papá, o puedo aliarme con mamá en su contra? O bien: ¿vale más lo que dice mamá, o lo que dice la abuela?

Son necesarias inteligencia y agudeza para no caer en la trampa. Todos tenemos experiencia de que los niños «nos hacen discutir»... Naturalmente, no lo hacen a propósito: solo forma parte del juego.

Por este motivo, si papá ha dicho al niño que haga o no haga algo, es mejor que mamá no se meta. Lo mismo, naturalmente, si lo ha dicho mamá.

Después llegará (y debe llegar) el momento de la corrección recíproca, el momento en que mamá y papá traten de contrastar pareceres y de hallar un acuerdo sobre qué, cómo, cuánto y cuándo exigir...

Un consejo general, no obstante: ayudémonos uno a otro a ser flexibles. Porque nada es más fuerte que lo que sabe ser también flexible.

La distancia en la adolescencia

Otro momento crucial en la definición de las distancias relacionales se produce con la adolescencia. Es más, en cierto sentido toda la adolescencia consiste en una progresiva «toma de distancia» de los adultos, que hasta ese momento han representado el principal punto de referencia.

La adolescencia siempre marca un «desgarro» en las relaciones: siempre se producen las cosas de un modo imprevisto e imprevisible, porque está a punto de nacer una persona nueva, inédita. Y va a nacer precisamente de ese niño o de esa niña que son tan nuestros, a los que creíamos conocer bien...

Esta persona nueva no quiere ser según nuestros sueños, deseos o necesidades. Quiere descubrir quién es realmente, hallándolo dentro de sí. Y quiere construir un proyecto, nuevo y personal. Quiere que este proyecto sea suyo, y estar seguro de que lo es realmente.

Por este motivo, la adolescencia marca una discontinuidad en el crecimiento, y abre paso a un recorrido que no es siempre lineal. Se pueden presentar momentos difíciles, desviaciones del recorrido esperado, rebeliones, ataques.

Él o ella pueden volverse un poco «difíciles» y los instrumentos usados hasta ese momento pueden volverse inútiles.

«Ellos» cambian, y este cambio puede herirnos, porque percibimos con claridad que está empezando un proceso inexorable que nos deja al margen. Esto no quiere decir que van a querernos menos: solo que ya no seremos sus interlocutores más importantes.

Todo esto puede originar ansiedad, búsqueda de un culpable: si hay algo en el hijo que parece desviado, mamá y papá se preguntan afanosamente «quién de los dos se ha equivocado», y llegan a conclusiones erróneas (es así porque tú... haces/ no haces / has hecho...).

Estas dinámicas, además, se insertan muchas veces en equilibrios de pareja delicados. Hemos de tener presente que, por lo general, la adolescencia de los hijos coincide con una edad de transición también para los padres. El resultado puede ser una serie inútil de incomprensiones y sufrimientos relacionales.

Por eso es importante que, en primer lugar, nos recordemos continuamente que esas dificultades se producen porque la adolescencia es como es: una edad de pruebas, de rodaje.

La primera parte es, muchas veces, la del desgarro. El objetivo principal es buscar a ese Yo cuya presencia se empieza a percibir de forma nueva. Pero los instrumentos con que uno cuenta para esta búsqueda son aún rudimentarios: el pensamiento es inmaduro, las capacidades de introspección son modestas, el humor es extremadamente mudable y está sometido como nunca al flujo continuo de las emociones.

Por este motivo, la vía más sencilla para empezar a comprender quién es uno y qué quiere, es ponerse en «contra» de los demás. Debido a un dominio insuficiente de la dialéctica, esta contraposición se hace frecuentemente muy drástica y radical, excluyendo la posibilidad de un contrato. En este momento, es típico que el chico diga: «Es así porque lo digo yo, porque lo pienso yo». Y no hay más que hablar.

Pero si favorecemos la maduración del pensamiento en los chicos, si estimulamos su reflexión y si evitamos nuestra oposición rígida, se abre poco a poco el espacio para contrastar ideas. Entonces es posible discutir con ellos de forma argumentada, y gozar construyendo una nueva personalidad.

El deber principal del adolescente consiste esencialmente en crecer: por su parte, no se plantea el problema de mantener la distancia justa, porque advierte en sí el impulso natural a tomar distancia.

En cambio, para nosotros sí es un tema importante.

Nuestra primera tarea es perder el miedo a esta hermosa fase de la vida, y afrontarla con la confianza en el desarrollo de una semilla bien plantada.

Es necesario buscar una forma nueva de estar con él, que asume el cambio sin quejas, y le ofrece confianza.

La segunda tarea es garantizarle lo que un adolescente necesita para constatar su fragilidad de modo sano, y experimentar sus límites sin sentirse derrotado.

Esto se puede hacer, ante todo, si el contexto familiar se mantiene estable, al margen de lo que él hace o deja de hacer.

En segundo lugar, si el contexto que le rodea (familia, escuela, etc.) establece reglas y límites claros, puede asumir la plena responsabilidad sobre ellos, sin buscar su connivencia.

El sí y el no son claros y motivados, al error se le llama error, y el adulto se expresa sobre lo que es justo o injusto sin ambigüedades.

Pero, al mismo tiempo, el adulto no sustituye al adolescente con intención de protegerlo a toda costa, y favorece su elección siempre que es posible.

Por último, hay que recordar algo muy importante: el padre debe aprender poco a poco a tolerar la distancia del hijo, sin vivirla como un abandono insoportable y culpable. Esto se concreta en muchas cosas pequeñas de tipo práctico: respetar los secretos, soportar los silencios, apreciar y no obstaculizar las nuevas alianzas que el hijo empieza a establecer con otros fuera de la familia.

Para poder hacer todo esto con serenidad, debemos cultivar la propia relación de pareja, y nuestra pasión por la vida. La mejor protección para el crecimiento sano de un adolescente no depende tanto de lo que hacemos por él, como de lo que hacemos por nosotros mismos, que nos convierte en personas que hacen inversiones emotivas equilibradas.

Esto nos va a permitir tener confianza y paciencia, y mantener la flexibilidad y la firmeza necesarias para su crecimiento.

VIII.
El lugar adecuado
en la familia

Todos conocemos adultos, sobre todo varones, que todavía viven con la familia de origen, aunque sean económicamente autónomos y, en apariencia, con lo necesario para independizarse. A veces, además, estas personas tienen una relación afectiva estable y duradera, pero no parecen tener la menor intención de dejar a sus padres (o, con mayor frecuencia, a la madre) para casarse con su novia. En una situación de este tipo, escuché de una madre anciana, y dirigida a un hijo casi anciano: «¿Por qué te quieres ir? ¿Es que te falta algo?».

Aún más, seguramente todos conocemos parejas con muchos años de matrimonio, quizá con hijos, en las que uno de los cónyuges no ha llegado a separarse del todo de su familia originaria. ¡Cuántas confidencias doloridas o enfadadas, de mujeres cuyos compañeros siguen siendo más hijos de sus madres que maridos!

A veces, aunque es más raro, los hombres se quejan de un vínculo excesivo de la mujer con su madre, a quien la hija prefiere como confidente y con quien toma decisiones importantes sobre la familia, por encima de su marido...

Por paradójicas que puedan parecer, estas situaciones son, en realidad, la muestra de un fenómeno que no es tan raro: la persistencia de un tipo de vinculación infantil entre progenitor e hijo, que no ha conseguido evolucionar a formas más adultas.

Las personas implicadas en este tipo de situaciones no suelen percibir que son patológicas, ni logran comprender el malestar que acarrean al cónyuge, porque encuentran motivos racionales muy variados que justifican su modo de vivir. Muchas veces, los motivos se cubren de aparente generosidad: «Mi madre está sola, mi madre está deprimida, en el fondo solo nos está echando una mano, etc.».

Lo más impresionante en situaciones como estas es la sensación de que el tiempo vital se ralentiza: a pesar de los cambios formales (un trabajo, una mujer o además una familia, la aparente autonomía de los tiempos y los planes), el hijo es y sigue siendo solo hijo, sin un papel verdaderamente «generativo».

¿Pero por qué se producen este tipo de situaciones? ¿Y por qué suelen afectar más a los hijos varones, que se quedan enredados en la relación con su madre?

Antes de dar respuesta a esta pregunta, me parece que es necesario establecer algunas premisas de carácter general.

De pareja a progenitores

El nacimiento de un niño siempre es un evento «fuerte», que introduce movimiento en el universo familiar. Por definición, el principio de una vida es el comienzo de una serie de relaciones nuevas: naturalmente, hacia el que nace, pero también se establecen relaciones nuevas entre los otros protagonistas. A causa del nacimiento, cambian de posición y lo hacen de modo sucesivo: el primer hijo hace padres a los miembros de una pareja, el segundo vuelve hermano al primogénito y obliga a los padres a trabajar la fraternidad. Un tercer, un cuarto hijo etc., desplazan sucesivamente la posición de los diferentes componentes de la familia, con la creación de alianzas nuevas y diferentes: es una enorme riqueza, un mundo de emociones y experiencias realmente insustituible.

Creo que es muy importante reflexionar un momento sobre el establecimiento del lugar adecuado a cada uno.

La primera premisa es que la familia funciona siempre como un sistema relacional. Y cada uno de los componentes de un sistema influye y es influido por cada uno de los demás, de modo circular.

La segunda es que no se trata o, mejor, no se puede tratar de un sistema «democrático», aunque la afirmación suene poco moderna. Está en juego su eficacia. Necesariamente, es un sistema jerárquico, en el que alguien (los padres) asume la responsabilidad de guiar a otro (los hijos) hacia una meta.

Esto supone una diferenciación de roles y posiciones, así como la existencia de determinadas barreras simbólicas.

Son presupuestos fundamentales, que serán retomados muchas veces.

Hemos dicho que, cuando el hijo nace, nos convierte en padres. Es un papel nuevo, que solo conocemos por imitación de lo que hemos visto y vivido en nuestro papel de hijos. Ahora, de pronto y sin recibir preparación previa, los padres somos nosotros.

Ese ser tan pequeño que acaba de llegar y que nos llama a una responsabilidad tan grande tiende, por la naturaleza de las cosas, a concentrar sobre sí todas las atenciones y preocupaciones de los nuevos padres.

No obstante, es muy importante tener muy claro que, para que crezca bien, hemos de ayudar a nuestro niño a encontrar su sitio. Para ello debe ocupar su lugar en la cadena de relaciones que le preceden. No debe convertirse en el centro del mundo, ni siquiera del pequeño mundo familiar.

El niño que nace es hijo. Añade a la pareja la tarea de convertirse en padres. Pero no elimina el primer deber fundamental: seguir siendo pareja, eje de soporte de la familia que se está constituyendo. Y esto trae consecuencias muy concretas: sobre todo, que hay que ocuparse día tras día de mantener la relación, que solo puede mejorar o empeorar, nunca detenerse.

Sucede demasiadas veces que una pareja maravillosa, que se han elegido mutuamente por amor y que han traído varios niños al mundo, viva años de oscurecimiento relacional. Y el agujero negro dura toda la fase de crecimiento de los hijos: cuando se ha decidido formar una familia numerosa, los compromisos y responsabilidades nos pueden desbordar y hacer que subestimemos la importancia de pensar en nosotros. Pero ser padres que permanecen juntos no es suficiente: con el transcurso del tiempo, cada uno crece, se transforma, cultiva pensamientos y deseos, acumula experiencias en su trabajo. Todo esto tiene que ser compartido en pareja, bajo la pena de un desgaste progresivo que se hará evidente y será más difícil de recuperar cuando, poco a poco, los hijos se alejen.

En la fase delicada del paso de dos a tres, que es el verdadero momento del nacimiento de la familia, el padre tiene algunas funciones fundamentales. En parte ya he hecho referencia a ellas, pero quiero retomarlas.

En primer lugar, su papel consiste en comprender la posición de la mujer como madre primeriza. Ella se puede encontrar con dificultades inesperadas en su nuevo papel, puede entrar en crisis por el desafío de conciliar las exigencias del niño con las profesionales. A veces puede mostrarse confusa y contradictoria porque no es capaz de definir lo que quiere realmente para sí misma, y de sí misma.

Esto puede hacer que las jóvenes estén descontentas, irritables e insaciables. Pueden someter a una dura prueba a los padres, que tal vez están intentando ayudar lo mejor que pueden y que no logran saber lo que tendrían que hacer.

Me acuerdo de una pareja joven que tenía a su segundo hijo: el padre, que era además muy solícito y disponible, no lograba entender por qué su mujer estaba siempre descontenta y enfadada con él. Trataba de proponer soluciones prácticas novedosas: yo me levanto para dar el biberón por la noche, cambio mi horario de trabajo... Pero nada parecía contentar a su mujer. Hasta que reformuló el problema: el verdadero motivo de la irritación de ella (inconsciente, por otra parte) era su enorme dificultad para conciliar su interesante trabajo con su hermosa familia. Inconscientemente, no era capaz de perdonar que el marido no afrontase el mismo dilema, que no sintiera el mismo desgarro y sentido de culpa por dejar al niño con la baby-sitter o en la guardería, ni la misma rabia y sentido de injusticia ante la perspectiva de reajustar su trabajo.

Son momentos cruciales. Solo la mujer, cada una singularmente, puede llegar a decidir, a veces con esfuerzo, cuál es la mejor decisión, cuál el equilibrio más justo.

En este caso, el papel del hombre consiste sobre todo en comprender, y mostrar que entiende. La propuesta de soluciones, que pueden ser inteligentes y posibles, muchas veces es ineficaz, cuando no contraproducente, porque puede hacer que la mujer se sienta poco entendida en el centro de la cuestión. Viene a ser como decir que todo es demasiado simple y que se puede resolver con habilidades organizativas y prácticas, cuando en realidad se trata de momentos en los que está en juego una redefinición de sí misma.

Hoy en día es este un desafío especialmente difícil, porque las mujeres jóvenes están muy proyectadas hacia la realización profesional y se inclinan mucho al pensamiento de tipo masculino. Es frecuente que valoren poco el impacto emotivo de la maternidad. También durante el embarazo se plantean la cuestión en términos organizativos: parece que el problema principal es qué cuidadora contratar y cuántas horas a la semana. En cambio, no se puede anticipar el dolor y la culpa que van a aparecer en el momento de dejar al pequeño con otros, solo unos pocos meses (a veces semanas) después del parto... Esto conlleva sentimientos de envidia y de rabia hacia el varón, que no se encuentra con el mismo tipo de situación emotiva.

Comprender la situación y mantener la calma se convierte, entonces, en deber del marido. Solo puede esperar, escuchar, y dar consejo cuando se le pide... Por lo demás, no hay duda de que se agradece algún apoyo práctico.

Junto a este primer deber, el marido y padre tiene otro, igualmente fundamental: impedir que su mujer se deje absorber completamente por el rol de madre. Tiene que apoyar su feminidad, y ayudarla a que se vea guapa, deseable como mujer, todavía más que antes.

Esto se concreta en que, en cuanto sea posible, la pareja ha de recuperar los espacios solo para ellos, dejando al pequeño al cuidado de los abuelos o cuidadores de confianza. Tienen que volver a encontrar el entendimiento mutuo que nace del estar bien, tienen que divertirse y reír juntos.

A veces las madres se resisten a esto: si han vuelto al trabajo, querrían dedicar el poco tiempo por entero a su hijo... De hecho, el vínculo con el hijo pequeño es muy fuerte y de pertenencia mutua, y puede dar a la mujer satisfacciones afectivas que el hombre desconoce.

Por esto, el hombre padre debe ser capaz de hacer que su mujer sienta la fuerza de su afecto, si es que quiere atraerla hacia sí y ayudarla a tomar la necesaria distancia del niño. Es un paso fundamental, indispensable para que el niño encuentre el lugar que le corresponde en la familia: un sitio donde va a ser muy querido, pero en el que no va a quedarse para siempre, porque su destino es buscar y encontrar en el futuro una casa y nuevos afectos.

El paso de ser dos a tres personas siempre supone un problema de alianzas. En efecto, la tercera persona que entra en un sistema tiene que encontrar su colocación, que se puede relacionar con las otras dos de forma paritaria o asimétrica.

La posición que asuma el tercero depende de algunas variables: su fuerza contractual, la situación relacional que encuentra a su llegada (es decir, la fuerza de la alianza entre los dos), la actitud personal de cada uno hacia el recién llegado y hacia el compañero que ya estaba.

Solo hay una cosa segura: tanto por el bien del niño como de la pareja, y de la familia en general, desde el primer momento tiene que quedar muy claro que el recién llegado no puede y no debe entrometerse en la relación conyugal. Esta constituye un espacio sagrado, delicado y vulnerable, como todo lo que es realmente importante, por lo que hay que protegerlo siempre, ya sea de modo concreto o simbólico: la habitación de los padres es terreno de ellos, los padres tienen sus salidas propias, sin hijos; tienen sus secretos inviolables de pareja, de los que un hijo no debe nunca, de ninguna manera, ser partícipe.

Naturalmente, ir a la cama excepcionalmente, por una pesadilla, o para celebrar el domingo por la mañana, nunca han hecho daño a ningún niño. El problema se produce cuando un hijo da por descontado que también es su lugar, y que puede ir y venir a él cuando quiera. Más aún: no hay nada malo en que, cuando el padre está de viaje, alguna vez, la madre se lleve los niños a la cama, pero hace falta la autorización explícita del padre. Y él puede conceder o denegar ese acceso a un lugar que es indiscutiblemente suyo.

Naturalmente, solo se trata de algunos ejemplos, porque el núcleo del problema no son los gestos concretos. En mayor profundidad, es la capacidad de ambos cónyuges para mantener una alianza privilegiada entre ellos, sin desviarse en alianzas más o menos secretas e inconscientes con un hijo sustituto del cónyuge.

El tema es complejo, y constituye la base del pensamiento familiar. Buena parte del trabajo de los terapeutas familiares consiste precisamente en tratar de desenmascarar y sacar a la luz sistemas de alianzas secretas que son fuente de patología, cuyos mismos protagonistas suelen ser poco conscientes.

No es mi misión en este contexto profundizar en el tema: me limito a destacar su importancia. Lo que cuenta ahora es precisamente tener muy claro que la salud de nuestra relación conyugal está en relación estrecha con la salud psíquica de nuestros hijos, y que cuidar de la mujer o del marido asegura el mejor terreno para un crecimiento armónico de los hijos.

Cuando hablo de salud de la relación conyugal, no me estoy refiriendo a un estado de perfección o de enamoramiento permanente. Más bien me refiero a su vitalidad, que depende por completo y exclusivamente de nosotros. La vitalidad de una relación también entraña la posibilidad de algunas dificultades, incomprensiones, o conflictos. Pero supone la batalla para volver a intentarlo siempre desde cero, una lucha que solo se combate si el otro sigue siendo el centro privilegiado de nuestro mundo afectivo y no queda desplazado por el afecto a un hijo, menos conflictivo y a veces más satisfactorio de forma inmediata.

Sea como sea, toda la vida hemos de ser capaces de ahorrar a los hijos confidencias o lamentos sobre nuestra posible infelicidad conyugal. El hijo está vinculado sobre todo a la madre por un afecto intenso y exclusivo: podría quedar para siempre encerrado en el deber de consolar a una madre infeliz que le quiere tanto, una madre que le hace sentirse valioso e insustituible, que se apoya en él.

De este modo se forman esas parejas secretas e indisolubles entre madre e hijo, que sobreviven incluso a un matrimonio del hijo y de las que he hablado al principio del capítulo...

La llegada de los hermanos

Tener hermanos es una gran fortuna. Me doy cada vez más cuenta, a medida que pasa la vida, y veo los esfuerzos de amigas o amigos que son hijos únicos para cuidar de sus padres cuando envejecen y se quedan tristemente solos. Me doy cuenta cuando descubro el placer de los largos encuentros con las familias de mis hermanos, en la alegría ruidosa de los muchos primos de todas las edades. Me doy cuenta cuando compruebo la amistad entre hermanas que nace con la edad, y que tiene un sabor algo especial.

Doy gracias a mis padres por haber tenido el valor de traer al mundo una familia numerosa. Después, pienso en mí y en mi familia, también numerosa: claro que no lo ha sido desde el principio. Yo no había programado tener muchos hijos.

Después del nacimiento de mi primer hijo, muy querido, sentía dentro de mí casi temor a tener un segundo niño. Es un miedo que he visto muchas veces, en muchos padres: pasa algo parecido a la idea de traicionar al primogénito, de hacerle sufrir o quitarle algo.

Si añadimos a esto el hecho de que, racionalmente, las dificultades son muchas, que el dinero nunca llega, que el trabajo nos absorbe por todas partes, entonces se hace comprensible la resistencia de tantos a ampliar la familia.

Pero hay otro punto importante, que se refiere a la identidad femenina. Para una mujer, cada hijo supone una dificultad añadida en el camino hacia la realización profesional, mientras que la ventaja personal de tener más de un hijo es todo menos evidente.

Por lo que a mí se refiere, tengo muy claro cuál fue el momento del cambio.

Había ido a recoger de la guardería a mi primer hijo. Delante de mí iba una madre con tres hijos varones: todos iban de la mano, y se reían de algo que se estaban contando.

Aquella madre era guapa. Eso exactamente he pensado: que era guapa. Tenía un aspecto alegre, vivaz, no estaba especialmente estresada, y se la veía orgullosa y feliz. Parecía una chica normal de aspecto deportivo, no una mujer gastada por el esfuerzo y el estrés.

Pensé: me gustaría ser así.

Solo después de ese momento, fui capaz de darme permiso para desear más niños. Por extraño que parezca, las mujeres de hoy tienen que darse permiso para desear tener hijos. No pueden decir, simplemente: deseo tener una gran familia, con tantos niños. Tienen miedo a la desaprobación y al desprecio del ambiente, empezando por sus propias madres...

Una mujer de hoy, cuando cuenta a su madre o a sus amigas que está esperando un hijo más de los «razonablemente permitidos», tiene mucho miedo a su desaprobación: estás loca, vas a arruinar tu carrera, cómo vais a hacer para mantenerlos, ¡no esperes que yo me encargue...!

Solo cuando encuentras en otra mujer esa imagen hermosa, orgullosa de una maternidad que no castiga, solo entonces tienes valor y te puedes lanzar tú también.

Yo estoy infinitamente agradecida a una serie de amigas «hermosas», dotadas de buen humor. Viéndolas, he querido yo también intentarlo, y nunca me he arrepentido. Por lo demás, siempre me ha impresionado el no haber conocido a ninguna mujer que se arrepienta de haber traído un hijo al mundo. Tampoco uno de esos que dan preocupaciones o problemas. En cambio, he encontrado muchos lamentos dolorosos por los hijos que no han nacido...

El hecho es este: que la vida llama a la vida, y cuanto más se gasta uno, más energías vitales encuentra, para gastar.

Sin duda, una vida sin hermanos es más pobre.

Naturalmente, la llegada de un hermano siempre supone un desafío para el niño que ya tenemos, y que está bien firme en su posición privilegiada, entre adultos que le quieren. Pero se trata de un desafío solo positivo. Los sentimientos que provoca, a veces difíciles, son una oportunidad muy valiosa. Los celos entre hermanos solo son un problema cuando los padres, inconscientemente, no han asimilado el tema. Un padre que haya sufrido en su infancia por la sensación de falta de cuidado, o que a su vez haya vivido una rivalidad demasiado intensa con un hermano o hermana que le parecía (equivocadamente o con razón) el preferido de los padres, tiende a proyectar sobre su pequeño los mismos sentimientos y emociones, y le cuesta ponerse en la distancia emocional adecuada para dar y recibir ayuda.

No es fácil ayudar a nuestro niño si nos identificamos demasiado con sus sentimientos y los percibimos como nuestros: rabia, hostilidad, o sufrimiento. Volvemos a ser como él, niños con dificultades, con sentimientos que nos parecen incontenibles. Entonces nos sentimos desbordados e impotentes.

Afortunadamente, cada uno de nosotros puede distanciarse interiormente de su propio mundo infantil, en el momento en que logra identificar sus movimientos. Así, los celos infantiles, la rabia, el miedo al abandono de nuestro niño, vuelven a ser lo que son: sentimientos que nacen de las imaginaciones del propio niño, que nos atribuye pensamientos e intenciones según la capacidad de su interpretación egocéntrica del mundo. El niño puede sentir, por ejemplo: «Quieren otro niño porque se han cansado de mí»; o bien: «Prefieren a un niño más pequeño... prefieren un niño/una niña» u otras cosas de este tipo. Puede tener miedo a perder algo muy valioso: nuestro amor, pero también sus pequeñas cosas.

Nosotros, en cambio, sabemos muy bien que no es así, que un segundo hijo no quita nada al primero ni un tercero al segundo, y que cada hijo tiene y tendrá siempre su lugar en nuestra vida. El puesto va a ser diferente para cada uno, pero siempre igualmente importante e insustituible. Esta certeza serena nuestra permite al niño mostrarnos su preocupación, aunque tal vez retroceda un poquito para recuperar un puesto de pequeño. Después recomienza tranquilamente su recorrido de crecimiento, con mayor seguridad.

Es importante que nosotros tengamos claro que no hay emociones buenas y malas: las emociones son como los colores. Todas son necesarias y no se les puede dar connotaciones desde el punto de vista moral. El bien y el mal no están en la emoción en sí, sino en las acciones que puede inspirar esa emoción.

Por ejemplo: un niño no es malo por tener celos. Es posible que haga algo reprochable si pega a su hermanita o la maltrata. La cuestión, entonces, es enseñarle que hay formas distintas de expresar una emoción, y formas que no tienen por qué hacer daño al otro ni a uno mismo.

Un recurso fundamental que tiene el niño para la elaboración de las emociones más difíciles es el juego simbólico. Hoy, por desgracia, se estimula poco. Por medio de juegos de ficción, los niños pueden descargar cualquier emoción sin hacer daño a nadie.

¡Por lo general, es suficiente maltratar una muñeca o dar un fin malo al personaje de papá o de mamá para notar el necesario alivio!

Por este motivo, es necesario volver a dar a nuestros hijos la oportunidad de participar en este tipo de juegos. Hemos de darles el material necesario (peluche y muñecas, también para los varones que quieran). Si puede ser, también conviene empezar con ellos las primeras veces, para dejar que se expresen. No es difícil, es suficiente ponerse en contacto con las partes pequeñas que llevamos dentro, y disimular con ellos y por ellos.

Después de un tiempo, el pequeño va a preferir estar solo en el juego, en secreto. Sobre todo, cuando tenga que elaborar emociones al borde del conflicto. Entonces hemos de dejarles, respetando su espacio de juego sin invadirlo.

Una vez superadas las primeras fases, en que es posible que haya una fisiológica, la presencia de un hermano o hermana empieza a mostrar todo su potencial positivo.

En primer lugar, hace que sea más fácil para todos asumir la posición correcta en la familia. Hay padres e hijos, y el nivel jerárquico se diversifica de modo natural.

Tener un hermano, además, sitúa definitivamente al niño fuera de la pareja de padres. Muchos niños, por ejemplo, cuentan aliviados que, desde que está su hermanito, no les preocupa que mamá y papá se enfaden, porque puede ir a jugar con otro hasta que se calmen las aguas.

Por último, la sola existencia de un hermano devuelve la omnipotencia infantil a su justa dimensión, porque obliga a cada niño a enfrentarse con la necesidad de dividir espacios y atenciones. Hace imposible el exceso de protagonismo.

Cuando la familia sigue creciendo, las interacciones y alianzas entre hermanos se convierten en un terreno muy interesante para el encuentro y la estructuración del carácter, sobre todo cuando los padres evitan tratar a los hijos como un grupo, y les observan y conocen con sus diferencias e individualidades.

Esto también es importante: el problema del hijo único es que está continuamente en el centro de atención. El problema del hijo de una familia numerosa, en cambio, puede ser que se sienta invisible.

Tener la certeza de ser visto es fundamental para todo ser humano. El niño, que está buscando su identidad personal, se interpreta a sí mismo, en primer lugar y durante mucho tiempo, en la mirada de las personas más significativas para él.

La madre y el padre hacen de espejos que devuelven al hijo una imagen de sí mismo y le ayudan a definirse. Poco a poco, con el desarrollo de la vida, se añaden otros espejos que devuelven a cada uno una imagen de sí: hermanos, amigos, colegas de trabajo, y naturalmente las personas de quienes nos enamoramos... Con la adolescencia nacen y se desarrollan las capacidades de autorreflexión, que nos ayudan a conocernos cada vez mejor, también desde dentro.

Pero la huella inicial siempre conserva su importancia. Constituye la resonancia emotiva de fondo de nuestra percepción del propio yo. Por este motivo es importante recordar el carácter único de cada hijo, y prestar atención a las diferencias, favoreciendo su expresión. No hay que hacer grandes cosas: en realidad y sobre todo es importante tener presente esta exigencia como algo fundamental, y aprender a escuchar y observar.

El niño sabe que su progenitor le ve cuando le da por su cumpleaños exactamente el regalo que quería; cuando se acuerda de que justo hoy tenía esa tarea de clase, o que está preocupado porque se ha enfadado con su mejor amigo...

El progenitor que sabe hacer la pregunta oportuna demuestra que, aunque le puedan preocupar muchas cosas en la vida, no pierde de vista al hijo y lo lleva en el corazón.

Escuchar mucho es la clave de la relación con los hijos. Es mucho más importante que hablar, que también es necesario. No nos olvidemos de intercambiar con ellos también palabras y gestos de afecto, por lo menos mientras la edad lo permita...

La relación entre generaciones

Cada persona nace en el seno de una red estrecha de relaciones que le preceden, y que constituyen la atmósfera de fondo de su vida: hay familias ansiosas, familias alegres, familias confusas, familias ordenadas...

Dentro de esta red, cada uno ostenta varios roles simultáneamente: somos hijos, hermanos, padres o madres, nietos. Como en cualquier sistema, cada uno influye sobre los demás y es influido por ellos, y cada cambio individual tiene repercusiones sobre todo el sistema.

El modo en el que hayamos sido hijos influye mucho sobre nuestra interpretación del papel de padres. El modo en que nuestros padres hayan vivido en pareja influye mucho sobre nuestra forma de vivir en pareja, sobre nuestras expectativas del otro, en cuanto cónyuge o padre de nuestros hijos.

La relación entre generaciones es apasionante, porque es rica en implicaciones en la experiencia concreta. Como todas las cosas de la vida, es una realidad dinámica, porque cambia con la experiencia. Por ejemplo, convertirnos en padres abre la oportunidad de revisar y afinar nuestra relación con nuestros padres.

Sigmund Freud decía que hacerse adulto es perdonar a los padres. Es una frase interesante, que somos capaces de entender mejor cuando nos convertimos en padres.

El hecho es que, hasta un cierto punto, cada uno cree que es principalmente acreedor de la vida. Concretamente, nos sentimos acreedores de nuestros padres. Les imputamos la mayoría de las cosas que no van bien a nuestro alrededor: no me han querido lo suficiente, no me han dejado viajar, no han insistido en que aprendiera inglés, trabajaban demasiado, preferían a mi hermana...

No hay límite para la imaginación de lo que podemos imputar a nuestros padres. Hasta que, por fin, el nacimiento de un hijo nos pone en la situación de empezar a intuir una verdad simple: nuestros padres son personas como nosotros, que han hecho todo lo que podían en las condiciones concretas de sus vidas. Son personas que a su vez están insertas en una historia, que quizá no ha sido fácil; personas con sus limitaciones, exactamente como nosotros con las nuestras. Personas tal vez, incluso, problemáticas, pero que han hecho mucho por nosotros.

Puede tratarse de un momento muy hermoso, porque puede inaugurar la era de la gratitud y del reconocimiento: por fin se les reconoce el bien que hemos recibido, y que no elimina algunos errores, quizá graves, pero ya no los interpretamos en clave de culpa.

Naturalmente, se trata de una posibilidad, no de una respuesta automática.

El movimiento interior es el de la renuncia (nada sencilla) a una imagen omnipotente de los padres.

Es curioso pensarlo, pero es posible que un hijo cincuentón siga sintiendo inconscientemente que su madre, pasados los setenta, es omnipotente, incluso a pesar de ver objetivamente su fragilidad. Es decir, puede seguir poniéndose inconscientemente ante ella como el niño que ha sido, y esperar de ella una protección, un consejo, una comprensión, de carácter mágico. También puede seguir detestándola o tratarla mal por cualquier pequeñez, porque hay episodios que pueden parecer irrelevantes a la mirada externa, pero que hacen resonar las antiguas notas de una relación difícil entre sus protagonistas.

Solo cuando nuestra posición adulta es plenamente madura, podemos permitir que nuestros padres «descansen». Renunciamos a criticarles o a pretender algo de ellos y, por el contrario, nos volvemos poco a poco capaces de cuidarles.

Hacer las paces con nuestros padres no exige en absoluto, como imaginamos y pretendemos a veces, que se vuelvan capaces de reconocer sus errores. También puede ser un recorrido en sentido único: parte de nosotros y necesita un cambio por nuestra parte. Es posible que sigan siendo (suponiendo que lo sean realmente) personas poco sensibles y poco atractivas. Pero, al final, si les perdonamos, nos daremos cuenta de que eso que nos hacía daño de ellos ya no lo hace, y que por fin somos libres.

IX.
El derecho a ser educados

A LO MEJOR ME ESTOY HACIENDO VIEJA, pero con el tiempo está aumentando en mí el deseo de ver crecer la buena educación. Para entendernos, no me refiero al formalismo, sino a la buena educación, esa especial atención al otro que se expresa en pequeñas cosas que hacer o dejar de hacer, simplemente por respeto.

La auténtica "buena educación" nace de la sensibilidad hacia lo bello, y, cuando es realmente eso, es un modo de expresar, en la vida corriente y cotidiana, la conciencia de que no estamos solos, sino insertos en una red social formada por personas, cada una con derecho inalienable a ser respetada, siempre y en todo caso.

Es una sensibilidad que encierra y sintetiza muchas otras, entre las que se cuenta saber vigilar sobre el límite y la distancia justa. El límite del cuerpo, con la capacidad de reservar algunos gestos solo a la esfera de la intimidad personal. La distancia justa, que nos hace percibir, por ejemplo, el modo de ponernos en relación con el otro cuando es mayor o reviste un papel de autoridad. Nos hace captar la actitud que hemos de adoptar ante lo que representa un valor, ya sea cultural, religioso, o simplemente humano.

¿Cómo hemos de comportarnos al asistir a un concierto de música clásica? ¿Y en el teatro? ¿Y en la iglesia? ¿Cómo hay que comportarse con los profesores? ¿Y con nuestros empleados?

Sobre todo, ¿por qué no da igual, en absoluto, portarse de un modo u otro, según lo que hoy se nos induce a creer desde todas partes?

No todo es igual, y considerar todas las cosas del mismo modo nos empobrece, porque elimina el valor que tiene cada cosa, también desde el punto de vista de su especificidad.

Para que la «buena educación» recupere alguna posibilidad de hacerse más popular, creo que es necesario, sobre todo, ver su belleza. No tiene nada que ver con actitudes rígidas o de pura etiqueta. Por el contrario, tiene mucho que ver con la capacidad de comprender el valor de las cosas.

Por eso, considero que los niños tienen el derecho a ser educados: por la relación que tiene con transmitirles el valor de las cosas.

En comparación con el pasado, la familia actual se podría definir como «principalmente afectiva». Esto quiere decir que el vínculo entre los componentes del núcleo familiar está fundado principalmente sobre la capacidad de dar y recibir afecto: muchas elecciones nuestras están motivadas por su capacidad para contentar al mayor número posible de personas, y lo que más tememos es que alguien deje de querer a algún otro. Por ejemplo, por este motivo (por el miedo a perder el afecto de los hijos) los padres tienen mucha más dificultad que en el pasado para fijar reglas y normas de convivencia, y sobre todo para hacer que estas se respeten.

Este modo de plantear las relaciones familiares tiene sus valores y sus defectos. Por un lado, es un tipo de acercamiento que puede favorecer una circulación de afectos mucho más intensa y satisfactoria, y abrir la puerta a relaciones de intimidad entre generaciones menos formales y más libres que en el pasado.

Pero, por otra parte, se manifiesta de forma cada vez más patente que la yuxtaposición basada solo en el tema afectivo resulta más frágil en su conjunto, y la gestión de los conflictos inevitables se hace mucho más difícil.

Creo que el camino no es volver atrás: todos hemos ganado algo con el aumento de nuestra capacidad para vivir y expresar los afectos.

En cambio, sería fundamental manifestar la capacidad que tiene la familia para «hacer cultura» y volver a ser, con mayor conciencia que en el pasado, canal de transmisión de valores.

En este sentido, poco a poco se podrían poner de relieve dos aspectos de esta cuestión: educar en sentido «alto» (en los valores, la belleza, etc.) y educar en las cosas pequeñas.

Hacer cultura en familia

Así expresado, puede parecer un tema difícil, pero hacer cultura en familia no significa en absoluto convertirse en profesores o volverse pesados.

Hacer cultura en familia es un conjunto de pequeñas atenciones dirigidas a mantener vivo eso que tiene valor, y a transmitirlo de modo intencional, en lugar de casual. Es una transmisión que se produce de muchos modos y que no necesita nada que se salga del flujo normal de la vida cotidiana: solo es necesario prestarle atención y ser conscientes.

Como veremos, supone cosas muy sencillas y al alcance de cualquiera.

Desde que son muy pequeños, a los niños les encantan las historias. Y las historias, el relato, son la base por la que se transmite toda cultura.

Pienso en esto cada vez que entro en una iglesia: nuestras iglesias son minas de relatos posibles. En efecto, en cada iglesia, aun la más simple y desnuda, hay imágenes y pinturas; aunque no hubiera más que una, al menos siempre está un Crucifijo, que está puesto precisamente para que se pueda narrar su historia.

Como padres, tenemos la posibilidad inmensa de apasionar a nuestros niños con este número infinito de historias. Solo tenemos que ponernos en el punto de sus ojos y de su mente para disponernos a narrar. Con la voz convincente de un padre, las imágenes y las pinturas cobran vida y empiezan a ser eso para lo que han nacido: testimonio vivo de algo que está vivo.

Se trata de una posibilidad totalmente por redescubrir. Al entrar en una iglesia, siempre hay un modo de «mirar las figuras» con nuestros niños: la historia de san Martín que comparte su capa; la historia de Noé y del arca; los milagros de Jesús; los santos, con sus vidas ricas en aventuras. Todas son historias que se pueden animar y que con capaces de despertar el asombro cuando las cuenta un padre que todavía es capaz de maravillarse ante tanta riqueza.

En los tiempos en que leer y escribir eran una rareza, la historia sagrada se transmitía con imágenes espléndidas de frescos y cuadros. ¿Por qué no tratamos de redescubrir su potencialidad? Si acude de nuevo el domingo a la iglesia con sus padres, para el niño será más fácil reservar un momento de silencio para recordar las historias que ha escuchado, y con ello entenderá que está en el lugar de un Encuentro.

Ser narradores para nuestros hijos supone una oportunidad inmensa, además de divertida. No tenemos conciencia de cuántas historias conocemos: historias que han entrado en nosotros por medio de lo que hemos leído, estudiado, o escuchado.

Son historias que se quedan en nosotros, en estado latente, y que están destinadas a morir si no se cuentan. Por el contrario, pueden volver a florecer: en nosotros, que las recuperamos para narrarlas, y como una semilla en nuestros hijos, que florecerá a su tiempo.

Cada uno de nosotros tiene muchas historias dentro. Quien no las tuviese, o las hubiera olvidado, puede beneficiarse de la necesidad que los hijos tienen de escuchar, y empezar a buscar con ellos. Nada impide que compremos un libro que narra los mitos del mundo occidental, o que relata las historias de los santos, o que reconstruye la historia de cierto castillo que vamos a visitar...

Nada impide que llevemos a nuestro hijo a una librería, para buscar cada uno un libro nuevo. Para los más pequeños, tienen que ser libros de mirar, colorear, o manejar de alguna forma, y empezar así a tener confianza. Para los que son un poco más mayores, hacen falta libros para leer, elegidos por ellos y supervisados por nosotros.

Al principio, les tenemos que leer los libros en voz alta, hasta que resulte claro que el esfuerzo de descodificar la palabra escrita tiene como premio la entrada en un mundo interesante. En ese momento, leer dejará de suponer un problema, porque van a ser ellos quienes busquen continuamente nuevas historias.

En la historia de mi familia, hay algunos libritos que se han convertido en divertidas «piedras miliares». Por ejemplo, *La maravillosa medicina de Jorge*, de R. Dahl, que mi padre nos leía por las noches. Se divertía interpretando todas las voces de los personajes, y así hacía reír también a los niños. A la vista del éxito, el mismo libro se ha leído con nuestros hijos, uno tras otro, no porque fuera el mejor libro del mundo, sino solo porque era divertido. Y ahora constituye un recuerdo común: en suma, una pequeña pieza de cultura familiar.

El mismo destino ha tenido para nosotros un librito de inglés, *Nino the penguin*, que los chicos se siguen sabiendo de memoria y creo que también regalaremos a nuestra nieta...

Leer juntos, contar un cuento antes de dormir, ir juntos a comprar un libro, se pueden convertir en pequeños rituales familiares.

Tener rituales familiares es fuente de una gran riqueza. Son pequeñas costumbres que, al transmitirse, forman un puente entre las distintas generaciones. Sería una verdadera pérdida renunciar a ellos.

Entre los rituales familiares hay uno especial, que vale la pena revisar, para comprender de nuevo la totalidad de su valor y su riqueza. Es el momento de comer juntos.

Se trata de un momento muy especial, único en cierto sentido, que, por desgracia, se ha ido empobreciendo poco a poco, porque se ha vaciado de sus contenidos simbólicos.

Con los ritmos y los tiempos de hoy, y con la multiplicidad de compromisos que cada uno tiene fuera de casa, se ha vuelto muy difícil estar juntos en familia. Para muchas de nuestras familias, el único momento de la jornada en que podemos encontrarnos todos juntos es la cena. Por eso, es un momento que habría que potenciar, porque es muy valioso: representa, para muchos padres, la única oportunidad de intercambiar unas palabras con sus hijos y no perder el contacto con ellos.

Aunque la percepción subjetiva, cuando se vive en familia, es que estamos mucho juntos, en realidad, con el reloj en la mano, el tiempo que pasamos juntos es muy poco. Si hacemos una prueba concreta, descubriremos que se reduce a diez o quince minutos en el desayuno y, cuando los dos padres trabajan, tal vez una hora o dos por la noche.

Una buena parte de este tiempo (sobre todo por la noche) está ocupado por cuestiones prácticas, que dejan poco espacio al intercambio.

Una madre que trabaja en casa tiene también muy reducidos los tiempos de intercambio con los hijos, porque pasa mucho tiempo conduciendo para llevarles a las diferentes actividades, o sigue sus tareas con más o menos estrés.

La comunicación en la familia acaba reduciéndose, así, a una mera «comunicación de servicio» y la mayoría de nosotros, con un simple examen de conciencia, tendríamos que reconocer que tenemos una comunicación más significativa en el plano personal fuera de casa que en casa...

Con todo, ni siquiera nos damos cuenta, salvo para constatar, con malestar y sufrimiento, lo poco que nos conocemos entre nosotros, aunque vivamos juntos.

Por eso es importante convencernos de que es necesario cultivar la comunicación, y que debemos hacer que los pocos momentos que nos son dados sean vivos y significativos.

Comer juntos es uno de ellos.

Si todo esto nos queda claro, no será difícil empezar decidiendo que, cuando estamos juntos en la mesa, la televisión tiene que estar apagada: los dibujos animados o el telediario se pueden ver antes o después de la cena.

El paso siguiente será decidirse a hablar. ¿De qué? De todo: política, libros, programas de televisión, cuestiones escolares, cómo ha ido el día, qué ha pasado, cosas que nos gustaría hacer... Todo puede ser tema de conversación.

Muchas veces tocará al padre llevar la iniciativa, porque las madres suelen estar pendientes del orden de conjunto de las comidas: aunque no siempre tiene que ser así, y cada uno puede hacer su aportación. No hemos de desanimarnos si a los niños les cuesta estar callados y, en cambio, a los adolescentes les cuesta hablar: poco a poco, empezarán a valorarlo, sobre todo si mantenemos constantemente esta apertura a la comunicación. Antes o después llegarán los frutos.

A pesar de las apariencias, que a veces muestran lo contrario, los chicos valoran mucho esta buena repetición de algunos momentos, igual que aprecian mucho que haya un poco de previsibilidad, que les da la seguridad de estar realmente «en casa».

Me gustaría compartir un último pensamiento.

Hay una cultura ligada a la capacidad de celebrar, y a distinguir lo cotidiano de lo que no lo es: una cultura que es capacidad de reconocer las diferencias y celebrarlas. Es importante hacerse capaces de subrayar lo que es especial, porque esto hace que salga a relucir su valor.

Presento a continuación una lista parcial que incluye, a título de ejemplo, algunas cosas, pequeñas y grandes, todas importantes, que sería bonito vivir juntos en familia:

- Celebrar juntos los cumpleaños de cada uno, tal vez animando a hacerse pequeños regalos entre hermanos.
- Celebrar el domingo, pidiendo a los hijos de todas las edades, en la medida de lo posible y sin rigideces, que estén presentes en la comida.

- Dar a esa comida un cuidado especial, comprar un dulce, o cocinar algo distinto o decorarlo mejor...
- Dar valor a los rituales «especiales» que cada familia ha construido a lo largo del tiempo en torno a los momentos principales: en las familias cristianas, los signos de fiesta de la Navidad, de la Pascua, pero tal vez también de los difuntos o de todos los Santos.
- También entre los cristianos, celebrar el día del santo y darle valor: es muy bonito cultivar la idea de que cada uno de nosotros tiene un protector especial en el cielo, y es bonito conocer su vida y su historia, para que se conviertan en algo así como amigos.
- Por último, no excluir a nuestros hijos de la participación en el funeral de las personas a las que hemos querido, porque negando la muerte no se va a conseguir que le tengan menos miedo.

X.
Algún consejo más...

AL RELEER LO QUE HE ESCRITO, ME DOY CUENTA de que quedaría mucho por decir. Cada tema necesitaría mayor profundización y un enriquecimiento de matices, tantos como las vidas de cada uno de nosotros.

He procurado seguir un hilo lógico sencillo, pero no banal, en cuestiones que me encuentro cada día en mi vida profesional y personal. En ellas se entrecruzan los diferentes planos, educativo y psicológico, sin solución de continuidad.

Para concluir, quisiera hacer una última reflexión. Está dirigida a esos padres que se confunden ante consejos demasiado complicados y que querrían, por lo menos, tener algún punto firme sobre el que mantenerse.

Ante las inevitables dificultades que encontramos con nuestros hijos, o cuando nos sentimos desbordados por algún fallo, verdadero o probable, puede dominarnos el desánimo. Creo que en esos momentos siempre es oportuno recordarnos que, en todo caso, hemos hecho algo bueno: hemos dado a nuestros hijos la oportunidad de existir, y hemos permitido que la vida se manifieste en una nueva criatura. Nos hemos fiado de la vida, a pesar de todo.

Cada día encontramos y encontraremos cuestiones operativas singulares y específicas, y hemos de tomar decisiones, pequeñas o grandes. Entonces, puede ser útil encuadrarlo todo dentro de una especie de «marco de orientación», que funcione como una brújula para los tiempos difíciles.

Lo primero que querría sugerir es que tendríamos que acostumbrarnos a mirar lejos.

La palabra educar contiene la idea de «conducir a alguna parte», y esto significa que tiene que haber una meta.

Pero, en la mayoría de los casos, la batallas pequeñas y grandes del esfuerzo cotidiano nos absorben hasta tal punto que se hace muy difícil pararse, alzar la cabeza y mirar hacia qué dirección caminamos.

Es muy fácil quedarnos encasillados en las victorias o derrotas educativas de cada día concreto, que muchas veces nos pueden parecer excesivamente dramáticas. Es más difícil pararnos para hacernos preguntas de alcance más amplio, como, por ejemplo: ¿qué tipo de hombre o de mujer querría encontrarme mañana, cuando mi hijo sea adulto?

Solo en la lógica de este futuro se justifican los esfuerzos del presente. Y precisamente porque la familia es un sistema educativo práctico, basado principalmente en la imitación, adquiere una importancia crucial que nos hagamos otras preguntas: ¿qué pensamos del trabajo, del dinero, de la sexualidad, de la religión, de la familia?...

¿A qué damos verdadera importancia? ¿Cuáles son nuestros valores? Solo podemos transmitir lo que somos: ser y transmitir son los dos momentos del proceso educativo, y funcionan de modo circular.

Entre otros, este es uno de los motivos por los que la obligación de educar a alguien supone realmente una gran oportunidad, porque es la ocasión para mirar al mundo con nuevos ojos, para reflexionar sobre los temas importantes, para descubrir nuevamente la vida.

La segunda reflexión es que en cuestiones educativas nunca se debería dramatizar.

A pesar de las apariencias, el éxito de las batallas singulares, pequeñas o grandes, no es excesivamente importante.

En este frente, todos los padres experimentan con frecuencia el sentimiento de derrota: a pesar de nuestros esfuerzos y de nuestras mejores intenciones, muchas veces nos encontramos con que tenemos que volver a empezar, insistiendo siempre en las mismas cosas, repitiendo cosas que ya se han dicho, corrigiendo otras que nos parecían adquiridas.

Además, es muy frecuente que el adolescente parezca haber olvidado por completo eso que con tanto esfuerzo le habíamos enseñado de niño. Nos deja profundamente desanimados y nos hace dudar sobre nuestras capacidades.

El verdadero desafío del crecimiento se juega en los tiempos largos. El problema no consiste en ganar o perder las batallas singulares, sino en ganar la guerra. Esto es posible si logramos mantener la confianza de fondo en nosotros mismos y en el valor de nuestra propuesta, así como la constante confianza en nuestros hijos y en su capacidad de hacerse adultos, como deseamos nosotros y ellos.

Gracias a esta actitud, será posible no hacer un drama por cada capricho. Podremos permitir que nuestros adolescentes tengan momentos de crisis, sin entrar inútilmente en crisis con ellos.

Debe quedar claro, no obstante, que desdramatizar no significa nunca banalizar ni minimizar. Solo hay que aprender a dar el justo peso a las cosas, sabiendo que el crecimiento es un proceso que incluye inevitables márgenes de error.

La tercera reflexión me parece esta: nunca como hoy ha sido tan importante destacar que, para el buen logro de nuestros hijos, hemos de poner de nuevo en el centro la educación del carácter.

La inteligencia de un hijo, su instrucción, sus dotes, son por sí solas totalmente insuficientes para hacer de él una persona verdaderamente lograda y, en definitiva, feliz. Para esto hay que cuidar el desarrollo de sus capacidades humanas, ayudándole a convertirse en una persona capaz de buenas relaciones.

Solo esto le va a permitir tener éxito en el trabajo y en el amor, que son los campos en que la persona se mide a sí misma.

La familia es un ámbito privilegiado para la construcción del carácter, porque se presenta naturalmente como una pequeña sociedad en la que viene dado el experimentar asimetrías, desigualdades, pequeñas injusticias, y tantas otras pequeñas dificultades y esfuerzos que requieren el desarrollo de recursos y la capacidad de adaptación.

Por ejemplo, cuando la familia es sana, el niño percibe que mamá y papá son los adultos, y a veces pueden decidir cosas con las que él no está de acuerdo, pero que tendrá que respetar. O bien, cuando nace un hermanito, el niño experimenta la necesidad de hacer espacio a otro, abandonando algo de su egocentrismo.

En familia se aprende a mediar, a hacer las paces, a pedir perdón. Se puede aprender la necesidad de considerar puntos de vista distintos del propio, y la necesidad de explicarse y hacerse entender.

La familia permite que cada uno note que es importante, sin ser el centro del mundo. Y todavía: puede ayudar a encontrar el propio valor sin sobrevalorarse, porque ser sobrevalorado, al contrario de lo que se suele creer, no es fuente de fuerza, sino de una grandísima inseguridad.

Un «buen carácter» es todo esto: capacidad de hetero-centrarse, saliendo del propio egocentrismo; visión positiva unida a la sana percepción del propio valor; capacidad confiada de volver a empezar de cero; sentido sereno del propio límite; capacidad de desarrollar la paciencia y la voluntad.

Todas son dotes que se pueden enseñar y aprender en la vida cotidiana normal, si se persiguen con conciencia e intencionalidad. No se puede dar por descontado que todos reconocemos su valor, ni que nos demos cuenta de cómo su aprendizaje pasa por las cosas de cada día, hasta las más pequeñas.

Pero si la formación del carácter se puede convertir en un objetivo central, el camino que nos puede conducir hasta este objetivo siempre empieza por un mejor conocimiento de cada hijo. Y este conocimiento solo puede estar basado en una buena comunicación.

Crear un buen contexto comunicativo es importante con el niño. Pero se vuelve indispensable con el adolescente. No puede ser una habilidad improvisada, sino que, por el contrario, requiere un cuidado atento, que crece con el hijo.

La comunicación con los hijos exige, en primer lugar, el desarrollo de la capacidad de escuchar: una escucha que esté guiada por una curiosidad y una simpatía auténticas. Muchas veces nosotros imaginamos que lo más importante, cuando hablamos con nuestros hijos, es lo que vamos a decirles, y pensamos que un fracaso comunicativo depende de nuestra poca habilidad oratoria, o de su orgullo.

Creo que, en cambio, el error más común es el de hablar demasiado pronto, antes de haber escuchado bien y de haberles dado el tiempo para sacar a la luz, hablando con libertad, al menos una parte de sus pensamientos y sentimientos.

El pensamiento de un adolescente está en formación, igual que su juicio sobre las cosas. Formarse un juicio y madurar el propio pensamiento son habilidades que requieren ejercicio. ¿Y qué mejor ejercicio que poder decir en voz alta, libremente, lo que pensamos, y poder ser escuchados, sin prejuicios, por alguien que realmente está de nuestra parte?

Una escucha atenta, interesada y no encaminada al juicio o al consejo permite que se desarrolle poco a poco el pensamiento propio.

Para los padres, esto exige no tener prisa, y desarrollar esa capacidad empática (basada, precisamente, en la simpatía y la confianza en el hijo) que nos permite situarnos en su punto de vista lo suficiente para no juzgar de inmediato («los chicos siempre son superficiales, sus argumentos no son maduros, no ha entendido nada de la vida...», etc.).

Entre otras cosas, este es el modo más eficaz de lograr que escuchen un consejo o una indicación nuestra.

También es importante saber acoger las emociones. A veces nos escandalizamos de la irrupción emotiva de los chicos, porque hacen juicios dejándose llevar por las emociones, sobre todo negativas. Pero muchas veces se puede observar que las emociones negativas se diluyen con más facilidad cuando se charlan con alguien, se les da un nombre, y se percibe que quien nos escucha no tiene prisa para criticarnos ni para soltarnos de inmediato un consejo.

Por lo demás, las emociones son emociones, y no tienen en sí mismas una connotación negativa. Solo hace falta aprender poco a poco a manejarlas para no dejarse arrastrar. El adulto que escucha y que nunca se descompone realiza una gimnasia que, poco a poco, cada adolescente tendrá que aprender a ejercitar, de manera que aprenda a contenerse él solo.

Pasado el momento «caliente» siempre hay un modo de recuperar los contenidos más razonables...

Naturalmente, ser buenos escuchadores no significa que los padres no hayan de ser también personas que «dicen» lo que deben. Al contrario, como he señalado a lo largo del libro, hoy es más necesario que nunca que los padres recuperen la capacidad de dirigirse a sus familias con palabras y contenidos que aporten.

Una familia que comparte la mesa, y cuyos miembros hablan de todo tipo de cosas, hace cultura y prepara a sus hijos para que usen la cabeza para pensar. Nada tiene mayor valor protector y preventivo ante cualquier problema.

Para concluir: traer hijos al mundo, acompañarlos en el crecimiento, educarlos, son desafíos apasionantes: retos para nuestra inteligencia, nuestra imaginación y nuestro carácter.

Si nos apasionamos con ellos, nuestros hijos responderán siempre: ciertamente, cometeremos errores, pero también es seguro que nos perdonarán, porque habrán recibido de nosotros el mensaje, ya inusual, de que vivir vale realmente la pena, y de que tal vez ellos puedan convertirse a su vez en padres apasionados.

BIBLIOGRAFÍA[1]

AA.VV., *Identità adulte e relazioni familiari*, Vita e pensiero 1991.

BAUMAN Z., *Miedo líquido*, Paidós 2007.

BELLETTI F., *Essere padri*, San Paolo 2003.

BENASAYAG M. – SCHMIT G., *L'epoca delle passioni tristi*, Feltrinelli 2004.

BRANCATISANO M., *Approccio all'antropologia de la differenza*, Università de la Santa Croce 2004.

CRAVERO D., *Una speranza per i genitori*, Effatà ed. 2007.

FABBRINI A. – MELUCCI A., *L'età dell'oro*, Feltrinelli 2000.

FORNARI F., *Genitalità e cultura*, Feltrinelli 1975*.

FREUD A., *Normalidad y patología en la niñez*. Evaluación del desarrollo, Paidós 1975*.

FREUD A., *El yo y los mecanismos de defensa*, Planeta – De Agostini 1985*.

GILLINI G. – ZATTONI M., *Ben-essere in familia*, Queriniana 2004.

GILLINI G. – ZATTONI M., *Il piercing dell'anima*, Ancora 2005.

GORDON T., *Técnicas eficaces para padres. TEP: el programa realmente eficaz para educar niños responsables*, Médici 2006.

---

[1] Los libros señalados con un asterisco (*) son lecturas recomendadas para especialistas.

GOTTMAN J., *Intelligenza emotiva per un hijo*, Bur 2001.

GUARDINI R., *La aceptación de sí mismo*, Cristiandad 1983.

KLEIN M., *El psicoanálisis de niños*, Paidós 1987*.

MAGGIOLINI A. - RIVA E., *Adolescenti trasgressivi*, Franco Angeli 1999.

MAHLER M. - PINE F. - BERGMAN A., *La nascita psicologica del bambino*, Boringhieri 1978*.

MANNONI M., *La primera entrevista con el psicoanalista*, Gedisa 2005*.

MARTÍ GARCÍA M.-A., *La intimidad*, Ediciones Internacionales Universitarias 1992.

MISCIOSCIA D., *Miti affettivi e cultura giovanile*, Franco Angeli 1999.

NARDONE G., *Modelos de familia. Conocer y resolver los problemas entre padres e hijos*, Herder 2013.

NICOLOSI J., *Omosessualità, una guida per i genitori*, Sugarco 2003.

OREFICE S., *La sfiducia e la diffidenza*, Cortina 2002*.

PIETROPOLLI CHARMET G., *Ragazzi sregolati*, Franco Angeli 2003.

PIETROPOLLI CHARMET G., *Amici, compagni, complici*, Franco Angeli 1997.

POLI O., *No tengas miedo a decir no. Los padres y la firmeza educativa*, Palabra 2009.

POLI O., *Corazón de padre. El modo masculino de educar*, Palabra 2012.

RISÉ C., *El padre. El ausente inaceptable*, Tutor 2006.

RISÉ C., *La crisi del dono*, San Paolo 2009.

RISÉ C., *Il mestiere di padre*, San Paolo 2004.

SCAPARRO F., *La bella stagione*, Vita e pensiero 2003.

SELVINI PALAZZOLI M. - CIRILLO S. - SELVINI M. – SORRENTINO A.M., *Los juegos psicóticos en la familia*, Paidós 1990*.

STEIN E., *La mujer*, Palabra 2006.

TERRAGNI M., *La scomparsa delle donne*, Mondadori 2007.

UKMAR Go., *Se mi vuoi bene dimmi di no*, Franco Angeli 1997.

VEGETTI FINZI S. - BATTISTIN A. M., *I bambini sono cambiati*, Mondadori 1996.

WINNICOTT D., *Escritos de pediatría y psicoanálisis*, Paidós 1999*.

WINNICOTT D., *Realidad y juego*, Gedisa 2013*.

ZATTONI M., *A pranzo da mamma*, San Paolo 2005.

ESTE LIBRO, PUBLICADO POR
EDICIONES RIALP, S. A.,
MANUEL URIBE 13-15, 28033 MADRID,
SE TERMINÓ DE IMPRIMIR EN
ANZOS, S. L. FUENLABRADA (MADRID),
EL DÍA 24 DE FEBRERO DE 2024.